Im Land der Träume

Der Autor

Ingo Michael Simon ist Heilpraktiker für Psychotherapie und Hypnosetherapeut. Mit Hilfe hypnosegestützter Psychotherapie behandelt er vor allem Menschen mit anhaltenden psychischen Leiden. Angststörungen aller Art und psychosomatische Erkrankungen bilden den Schwerpunkt seiner Praxistätigkeit. Zu seinen therapeutischen Angeboten gehören hauptsächlich klassische und moderne Hypnoseanwendungen, somato-emotionale Psychotherapie und geführte Trancereisen durch die Welt des von ihm entwickelten TRAUMLANDES als innere Repräsentanz der Emotionen.

Ausbildungskurse

Ingo Michael Simon bietet regelmäßig Ausbildungskurse zu verschiedenen Hypnoseformen von der klassischen Suggestionshypnose bis zu modernen Visualisierungstechniken und natürlich zu der von ihm selbst entwickelten TRAUMLANDTHERAPIE an. Aktuelle Informationen, Angebote und Termine finden Sie auf *www.praxissimon.de.*

Im Land der Träume

Fantasiereisen für Erwachsene

Band 6

Ingo Michael Simon

Im Land der Träume

Fantasiereisen für Erwachsene 6

© 2014 - I. M. Simon

© 2014 Ingo Michael Simon
Herstellung und Verlag:
BoD - Books on Demand, Norderstedt
ISBN: 978-3-7322-8581-5

Covergestaltung: Magic Merlin

Kontakt zum Autor:

http://www.traumlandtherapie.de
http://www.praxissimon.de

Wichtiger Hinweis

Die Inhalte dieses Buches beruhen auf den praktischen Erfahrungen des Autors mit Hypnoseanwendungen und Psychotherapie im Zustand der Trance. Obwohl sich der Autor um größtmögliche Sorgfalt bemüht hat, können Fehler oder Missverständnisse in der Darstellung nicht vollkommen ausgeschlossen werden. Die therapeutische Arbeit mit Menschen sowie die Anwendung der Hypnose obliegen ausschließlich der Verantwortung des Hypnotiseurs. Es kann nicht ausgeschlossen werden, dass Teile dieses Buches falsch verstanden werden oder die Anwendung eines vorgestellten Verfahrens eine ungewünschte Reaktion beim Klienten bewirken kann. Eine Mitverantwortung des Autors besteht auch dann nicht, wenn unter Hinweis auf die Ausführungen dieses Buches mit einem Klienten gearbeitet wird.

Inhaltsverzeichnis

Die neue Buchreihe von I. M. Simon
Zehn Gruppenhypnosen

Band 1: Selbstwert und Selbstachtung

Band 2: Burn Out

Band 3: Übergewicht und Adipositas

Band 4: Angstbewältigung

Band 5: Chronische Schmerzen

Band 6: Psychosomatik

Band 7: Raucherentwöhnung

Band 8: Bulimie und Heißhungerattacken

Band 9: Suchtneigung und Abhängigkeit

Band 10: Sammelleidenschaft

Eine gute Gruppenhypnose ist anders als eine Einzelhypnose für mehrere. Die Textbausteine dieses Buches sind speziell für die Arbeit mit Gruppen formuliert und berücksichtigen sowohl die Anwesenheit als auch das energetische Potenzial der Teilnehmer der Hypnosesitzungen!

Vorwort

Die von mir entwickelte TRAUMLANDTHERAPIE ist eine Form der Begleitung und Behandlung für Menschen, die in schwierigen Lebensphasen oder im Umgang mit Krankheiten alternative Hilfe suchen. Als Heilpraktiker für Psychotherapie arbeite ich vor allem mit Klienten, die unter schweren Angstzuständen leiden oder von Zwängen und anderen neurotischen Störungen betroffen sind. In den letzten Jahren der intensiven Auseinandersetzung mit tieferen Zugangsmöglichkeiten zu den verdrängten Emotionen meiner Klienten, die ich vor allem für sie selbst erfahrbar und verstehbar machen möchte, habe ich die spezielle Vorgehensweise der Traumlandreisen entworfen und kontinuierlich weiter entwickelt. Die Tagtraumreisen oder Fantasiereisen im und durch das Land der Träume können dabei in einer einfachen Form zur Entspannung und zum Abbau von Stressbelastungen eingesetzt werden, in der therapeutischen Version können damit mentale Probleme und psychische Störungen bis hin zu schweren krankhaften Psychosyndromen therapiert werden. Meine Erfahrung hat gezeigt, dass auch die begleitende Behandlung körperlicher Erkrankungen und die Therapie des psychischen Anteils der Krankheiten im Sinne einer psychosomatischen Psychotherapie von den Fantasiereisen der Traumlandtherapie profitieren. Da ich seit Jahren Texte für Hypnose- und Trancetherapeuten veröffentliche und immer wieder Anfragen zu der therapeutischen Version der Traumlandreisen erhalte, habe ich die Homepage der Traumlandtherapie überarbeitet. Auf *www.traumlandtherapie.de* gibt es Hörproben und Ausbildungsangebote und natürlich auch die Möglichkeit, Termine in meiner Praxis zu vereinbaren. Ich wünsche allen Therapeuten und Beratern, allen kranken und leidenden Menschen, aber auch allen, die sich aus anderem Grund für diese Fantasiereisen interessieren, dass sie im Land der Träume sich selbst neu und anders begegnen können und Befreiung und Zufriedenheit finden.

Ingo Michael Simon
August 2014

Die Traumlandtherapie

Die Arbeit mit Fantasiereisen (Trancegeschichten) ist älter als die Hypnosetherapie. Märchen und Erzählungen haben eine besondere Bedeutung, die in allen Kulturen der Welt weitgehend gleich ist. Sie werden erzählt, um Angst zu vertreiben, um Ruhe zu finden und um den Kindern etwas Lehrreiches mit auf den Weg zu geben. Verpackt in eine Geschichte soll auf Gefahren aufmerksam gemacht werden, sollen Moral und Tugend aufgebaut und gefördert werden und nicht zuletzt sollen böse Geister vertrieben werden. Im Grunde genommen geht es in Märchen immer um etwas Heilsames. Viele Therapeuten wehren sich sicherlich bei der Behauptung, dass eine Fantasiereise ein Märchen sei. Das hat wahrscheinlich damit zu tun, dass der Fantasiereise oder Trancegeschichte eine therapeutische Absicht anhaftet, was bei den Kindermärchen nicht der Fall ist. Dennoch wirkt das gleiche Prinzip. Unsere Vorstellungskraft wird gefordert. Wir versetzen uns beim Anhören immer in das Märchen oder eben in die Trancegeschichte hinein. Dabei spielt es keine Rolle, ob wir die Geschichte interessant oder albern finden. Wir gehen automatisch in die verschiedenen Figuren und Rollen hinein und machen uns ein Bild davon, was wir wohl selbst tun würden in der einen oder anderen Situation. Märchen beinhalten meistens Elemente, die nicht realistisch sind. Zauberei, Magie oder Wesen, die uns im Alltag nicht begegnen, spielen hier oft eine Rolle. Gleichzeitig ist der Kern der Geschichte doch immer sehr realistisch und gibt Anknüpfungspunkte zu unserem Leben. Die vermittelte Botschaft ist meistens eine Aufforderung, sich gut und ehrbar zu verhalten. Darauf verzichtet Therapie natürlich. Es geht ja nicht darum, einen moralisch guten Menschen zu erziehen, sondern Symptome zu lindern. Es ist jedoch das gleiche Prinzip. Fantasiereisen können Elemente oder Abläufe enthalten, die zauberhaft oder märchenhaft sind. In meinem Buch *Wellen am Horizont* gibt es beispielsweise eine Geschichte, bei der es um einen Freiheitsflug geht. Bei einer Fantasiereisen geht das einfach, indem wir die Arme ausbreiten und fliegen. In der Fantasie ist das kein Problem. Wer kennt nicht diese Fantasien, fliegen zu können, zaubern zu können? Gleichzeitig geht es aber auch um ganz reale Probleme oder im Falle der Behandlung von

Krankheiten auch um Symptome. Das Problem des Klienten wird in eine Geschichte verpackt, die ein symbolisches Spiegelbild der Thematik ist. Das wird intuitiv verstanden, so wie wir Metaphern und Vergleiche sehr leicht verstehen. Die von mir entwickelte Traumlandtherapie arbeitet mit ganz speziellen Märchen, genau genommen mit einer Märchenwelt, die der Klient selbst mit Leben füllt. Im Unterschied zu vielen anderen Trancegeschichten oder Fantasiereisen gibt es hier keinen vorgezeichneten Handlungsablauf und - zumindest bei den Fantasiereisen für Erwachsene - nur selten Figuren, denen ich Worte in den Mund lege. Meistens ist der Klient alleine im Land der Träume unterwegs und erkundet seine Emotionen und Bilder seiner Erinnerungen, um neue Wege zu finden. Manchmal trifft er auch Figuren, die in seiner Fantasie von alleine anfangen zu sprechen, ohne dass ich Inhalte oder Worte vorgebe. Die Traumlandreisen sind so aufgebaut, dass verdrängte Gefühle und Ereignisse wiederbelebt werden und auf einer tiefen Gefühlsebene verstanden und verarbeitet werden. Daher kommt die Traumlandreise auch ohne direkte oder verklausulierte Zielsuggestionen aus. Ziele und Wege findet der Klient im Land der Träume selbst. Es handelt sich also weniger um eine tatsächliche Geschichte als um eine Reise durch die eigenen Emotionen. Dabei kann der Zuhörer mehrfach die Perspektive wechseln und seine Probleme von verschiedenen Seiten her betrachten. Im Verlauf der Trancereise kann er außerdem Lösungswege ausprobieren und seine eigene Kreativität und innere Heilkraft wecken. Trancereisen regen immer zum Denken und Fühlen an, können praktisch keinen Schaden anrichten und sind leicht verfügbar. Mit etwas Fantasie können wir uns täglich neue Trancereisen ausdenken und sie unseren Klienten in der Beratung oder in der Therapie anbieten. Wenn sie sich für die Traumlandtherapie interessieren und diese gerne selbst erlernen möchten, besuchen sie mich doch einfach einmal auf meiner Homepage und informieren sich über aktuelle Kursangebote zur Traumlandtherapie auf *www.traumlandtherapie.de.*

Ich werde häufig auf meine Fantasiereisen angesprochen. In meinen Ausbildungsgruppen und von meinen Klienten höre ich immer wieder, dass die Geschichten sehr berührend sein können. Ich werde dann sehr oft gefragt, worauf denn zu achten sei beim Formulieren einer Fantasiereisen, um Schäden beim Klienten zu vermeiden. Natürlich gibt es gute und weniger gute Trancereisen. Doch sorgen sie sich nicht. Sie schaden ihrem Klienten nicht mit einer Geschichte, auch nicht mit einer visualisierten Reise durch seine Emotionen und Gedanken. Doch ich kenne schon das nächste Argument: Was helfen kann, kann auch schaden. Wer hilft, verändert ja etwas. Also kann auch eine negative Veränderung eintreten. - Ich bleibe stur! Fantasiereisen sind ungefährlich. Wir geben unseren Klienten Raum, da zu sein und sich zu öffnen. Ich versichere ihnen, dass das Gegenteil viel dramatischer ist: Schweigen, Ablenken und nicht darüber reden oder nicht einmal an die Probleme denken. Das führt zu einem immer größer werdenden inneren Druck, der die Problematik verschlimmert. Ich verzichte auf eine theoretische Erklärung der Wirkungsweise von Fantasiereisen und darüber, welche Wörter man benutzen oder lieber weglassen sollte, wenn man solche Geschichten schreibt oder frei formuliert. Probieren Sie die Tagträumereien einfach einmal aus und versuchen Sie doch einmal nach einiger Zeit, selbst eine Fantasiereise zu schreiben. Sie werden sehen, dass es vor allem auf die liebevolle und zärtliche Grundhaltung beim Formulieren und beim Lesen oder Sprechen ankommt, auf Respekt und ehrliche Akzeptanz. Das ist dann schon mehr als genug, um eine gute und auch therapeutische Wirkung zu erzielen.

Die Fantasiereisen der Traumlandtherapie folgen jedoch einem klaren Aufbau, den ich im Verlauf meiner Praxistätigkeit entworfen und weiterentwickelt habe. Das hat vor allem damit zu tun, dass es sich in meiner Arbeit überwiegend um Therapie handelt und eine klare Struktur den Ablauf der Sitzung erleichtert. In der direkten Arbeit mit meinen Klienten lese ich nie einen Text ab, sondern formuliere alle Fantasiereisen oder Hypnosetexte frei und individuell. Doch es wäre nicht sehr professionell, einfach drauf los zu erzählen. Unsere Klienten brauchen in der Regel etwas Zeit, um von Alltagsgedanken Abstand zu nehmen und sich auf das Fantasieren und Visualisieren einzustellen. Außerdem geht es ja nicht um freie Assoziation des Klienten sondern um die Konfrontation mit Themen und Eigenanteilen. Ein klarer Aufbau, der die innere Schrittfolge von Erkennen, Verstehen und Verändern berücksichtigt, bietet sich daher dringend an. Bereits die Rückmeldungen zu den ersten

Bänden meiner Buchreihe *Zehn Hypnosen* hatten gezeigt, dass der Bedarf an therapeutischen Texten hoch ist. Ich habe bereits früher Fantasiereisen in Büchern veröffentlicht, gehe mit dieser neuen Buchreihe nun aber dazu über, den Aufbau der Reisen deutlicher zu strukturieren und damit für die Leser nachvollziehbar zu machen. Die einzelnen Abschnitte sind daher jeweils am Anfang mit einem kursiv gedruckten Hinweis versehen, der klarstellt, welche therapeutische Funktion der betreffende Textteil hat. Folgende Schritte gehören zu einer therapeutischen Fantasiereise des Traumlandes:

1. Hinführung zum Thema (Themeninput)
2. Ankommen im Land der Träume
3. Distanzierung vom Bewussten
4. Bewusstseinsreinigung
5. Konfrontation und Klärung
6. Schritt in die Gegenwart
7. Kreative Neuausrichtung
8. Selbstversöhnung
9. Achtsamkeit und Selbsttreue

Die Hinführung zum Thema sollte immer möglichst nah am tatsächlichen Erleben und an der Geschichte des jeweiligen Klienten formuliert werden. Ich habe diesen Abschnitt am Anfang jeder Trancereise kursiv gedruckt und in Klammern gesetzt. Entscheiden sie selbst, ob sie diese Einleitung so übernehmen oder eine individuelle Hinführung benutzen. Ich habe darauf geachtet, alle Textteile so zu formulieren, dass sie auch ohne Anpassung und Umformulierung benutzt werden können. Wenn sie mit einem Klienten in mehreren Sitzungen arbeiten, empfehle ich die Abschnitte *Ankommen im Land der Träume, Bewusstseinsreinigung, Schritt in die Gegenwart* und den letzten Abschnitt, *Achtsamkeit und Selbsttreue,* ab der zweiten Sitzungen immer sehr ähnlich zu halten. Diese Schritte gelten als Fixpunkte für den Klienten, der in jeder Reise einen unterschiedlichen Schwerpunkt seines Themas bearbeitet und sich an dem verlässlichen Gerüst dieser Abschnitte festhalten kann. Er erkennt das Land der Träume an diesen „Stationen" immer wieder als die Plattform seiner inneren Auseinandersetzung mit sich selbst. So kann der Klient in jeder Sitzung ein sehr unterschiedliches und sich stark veränderndes Land der Träume erleben, gleichzeitig aber vertraute und ihn führende Elemente wieder erkennen. Die jeweils erste Fantasiereise dient als Grundversion, die dem Zuhörer das Land der Träume und das Grundprinzip der verdrängten Gefühle erklärt. Daher weicht der Aufbau der ersten Sitzung von der typischen Schrittfolge, die ich gerade erläutert habe, ab. Eine Tranceeinleitung oder Induktion ist nicht erforderlich. Fantasiereisen führen ganz von selbst in einen Entspannungszustand, der einer Therapietrance entspricht. Dieser Zustand ist vollkommen ungefährlich. Lassen sie ihrem Klienten am Ende der Reise etwas Zeit zum Wachwerden und helfen sie etwas dabei. Auch hierzu ist keine klassische Tranceausleitung notwendig, kann aber verwendet werden. Ich habe eine „Ausleitung" an das Ende jeder Reise gehängt.

Für jedes Buch dieser Reihe wähle ich zwei verschiedene Themen aus, zu denen ich jeweils fünf Fantasiereisen schreibe, die als Sitzungsfolge verstanden werden können. Die Reihenfolge und die Vorgehensweise der fünf Fantasiereisen sind so gewählt, dass sie als Therapeut mit einem Klienten in der Schrittfolge der Traumlandtherapie fünf aufeinander folgende Sitzungen gestalten können. Wenn sie die Reisen für sich selbst nutzen wollen, nehmen sie sich einfach die fünf Reisen als Audiodatei auf und hören sie sich diese an. Nutzen sie jede Aufnahme für die Dauer einer Woche und hören sie diese täglich an. Spüren sie dann selbst die Wirkung. Denken sie bitte auch daran, dass selbst gesprochene Fantasiereisen nicht die Behandlung durch einen Arzt oder Heilpraktiker ersetzen. Die einzelnen Fantasiereisen bauen jedoch nicht inhaltlich aufeinander auf, das ist auch in meiner Praxis nicht so. Der Zuhörer muss nicht die zweite gehört haben um die dritte zu verstehen. Es können also auch einfach einzelne Reisen, die ihnen gut gefallen, in der Praxis benutzt werden. Alle Texte sind leicht zu verstehen, auch ohne jede Vorkenntnis. Sie wollen wissen, welchem Grundverständnis die Traumlandtherapie folgt? Nichts einfacher als das. Lesen sie einfach eine Grundversion (Erste Sitzung). Dann wissen sie alles, was wichtig ist. Sie müssen nicht danach suchen. Sie werden sehen, dass sich die Traumlandtherapie selbst erklärt.

Burnout und Erschöpfungssydrome

Erste Sitzung (Grundversion)

[Du kennst die Müdigkeit im Beruf. Du hast erlebt, wie das ist, immer langsamer zu werden, keine rechte Erholung mehr zu finden. Früher war das anders. Früher konntest du lange arbeiten ohne zu ermüden oder du hast dich eben sehr rasch wieder erholt. Dabei ist dann einiges auf der Strecke geblieben. Wir merken das nicht immer, fühlen uns lange gut, doch irgendwann wird es dann schwerer. Du warst es so gewöhnt, immer durchhalten und weiter machen, leistungsbezogen oder pflichtbewusst. Für dich war es ganz normal, dein Bestes zu geben und immer dran zu bleiben. Du dachtest vielleicht, dass deine Arbeit dich nicht ungewöhnlich gefordert hätte oder dass andere das Gleiche erledigen und damit zurecht kommen. Doch irgendwie ist es dann dazu gekommen, dass es eben doch zuviel war, dass du dich viel mehr eingebracht hast als du selbst dachtest. Du hast weiter gemacht, obwohl du längst eine Pause gebraucht hättest. Du hast dich durchgekämpft, weil du es einst so gelernt hast; weiter machen und durchhalten. Du dachtest, es würde gehen, doch dann hast du erkannt, dass es nun erforderlich ist, stehen zu bleiben. Anhalten und zurück schauen, um zu verstehen, wie es soweit kam. Und vor allem stehen bleiben, um einen neuen Weg zu finden.]

Ankommen im Land der Träume. Träume gehören zu unserem Leben … … wir tauchen nachts im Schlaf in sie ein und unsere Wirklichkeit verschwimmt mit ihnen … … und tagsüber sind es die Tagträume, die Fantasien, die uns in eine andere Welt bringen … … eine Welt oder ein Leben, das so ist, wie wir es uns ausmalen … … befreit von Sorgen und Problemen … … kreativ und frei … … Diese Welt der kreativen Fantasie kann uns helfen, tatsächlich unser Leben zu verändern … … denn nur was wir denken und fühlen kann auch geschehen … … Tief in uns gibt es dieses Land der unbegrenzten Fantasie und Schöpfungskraft … … ein Land voller Überraschungen und Neuerungen … … das Land der Träume, in dem alles möglich ist … … Also lade ich dich zu einer Reise in dieses Land ein … … Du kannst es ganz leicht erreichen, denn es ist tief in dir … … Mit dem nächsten Atemzug bist du schon dort … … in genau diesem Augenblick … …

Der heilsame Weg. Das Land der Träume ist ein Ort tief in dir, an dem du lernen kannst, was dich wirklich so erschöpft hat im Leben … … Du kannst hier auch lernen und erkennen, dass es einen Ausweg gibt, einen Weg, der dich immer zu dir selbst bringt, sodass du dich wieder besser um dich selbst kümmern kannst, besser auf dich aufpassen kannst … … dein Befreiungsweg im und durch das Land der Träume … … Deswegen bist du hier, um dich von alten Denkweisen und unklaren Gefühlen zu befreien, um zu erkennen, welche Bedürfnisse du da eigentlich mit dem übermäßigen Arbeiten und Erfüllen von Anforderungen bedient hast … … Das Land der Träume ist das schönste Land, das du je gesehen hast. Wahrscheinlich kann sich jeder Mensch eine traumhafte Landschaft vorstellen, also kannst es auch du … … Vielleicht gibt es in deinem Traumland Berge und Täler, Wiesen und Wälder, Flüsse und Seen, und wenn du Tiere liebst, kann es hier ganz viele freundliche Tiere geben. Der Himmel über dir ist wunderschön, genau so wie du ihn am liebsten hast. Wenn du die Sonne liebst, dann soll es ein Sommerhimmel sein, wenn du einen Regenhimmel bevorzugst, dann sollen Wolken am Himmel sein und es soll anfangen zu regnen … … Du stehst auf einem breiten Weg und gehst einfach los. Du folgst diesem Weg, der dich in einen Wald führt, der im Land der Träume immer der Wald deiner Gedanken ist … … Alle Gedanken, die du einst hattest, sind hier, auch alle Gedanken, die du irgendwann noch denken wirst, genau so wie alle Gedanken, die du in diesem Augenblick haben könntest, bereits hier sind und darauf warten, von dir entdeckt zu werden … … Du kommst zur Lichtung der Farben … … Farben erzählen dir im Land der Träume eine besondere Geschichte … … die Geschichte des Traumlandes, die auch deine Geschichte ist … … Du findest einen bequemen Platz, einen weichen Sessel oder eine Hängematte oder eine Liege, auf der du bequem liegen kannst … … Du machst es dir so richtig bequem an diesem Platz. Hier kannst du in die Farben des Traumlandes eintauchen, dich ganz und gar von den einzelnen Farben und ihren Bedeutungen für dich erfassen lassen … … Zuerst tauchst du ein in die Farbe Grau. Die Farbe Grau entsteht nicht durch den Mangel an Farben, sondern durch viele Farben, die sich überlagern. So kannst du im Grau nicht mehr erkennen, welche Farben eigentlich da sind … … Die Farbe Grau erinnert dich deshalb an die schweren Momente in deinem Leben … … Dann wirst du von weißem Licht umhüllt. Reines, weißes Licht umgibt dich und löst die grauen Töne auf … … Die Farbe Weiß sorgt für Reinheit und Klarheit im Land der Träume und damit auch in deinen Gedanken und in deinem Gefühl. Das Weiß hilft dir, die Schatten der Vergangenheit aufzulösen und dich zu befreien von ihrem Einfluss … … Als nächstes tauchst du ein in die Farbe Goldgelb. Die Farbe Goldgelb ist die Farbe des Lernens. So viel hast du in deinem Leben schon gelernt. Hier im Land der Träume hilft dir die Farbe Goldgelb bei einem inneren Lernprozess, der dir zeigt, dass Essen nicht das ist, was du brauchst … … Alles Lernen, das dich von deinem Leiden befreien kann, geschieht tief in deinem Gefühl, im Land der Träume … … Dann tauchst du ein in die Farbe Hellblau. Hellblau erinnert dich daran, dass du vieles in deinem Leben loslassen musstest, manches schmerzhaft und traurig, anderes mit dem Gefühl der Befreiung. Die hellblaue Kraft hilft dir im Land der Träume, die Vergangenheit und damit auch dein Bestreben alles optimal zu erfüllen, immer die Verantwortung zu übernehmen, auch dann, wenn sie gar nicht dir obliegt, loszulassen … … Tief in dir weißt du auch, dass jedes Unrecht, das dir widerfahren ist, und jedes Leid, das du erlebt hast, Teil deiner Geschichte ist, die nicht mehr geändert werden kann … … Ändern und gestalten kannst du nur die Gegenwart und deine Zukunft, die schon mit dem nächsten Wimpernschlag beginnt … … Die Farbe Hellblau hilft dir dabei, in deiner Gegenwart zu leben, denn nur das ist wirklich möglich … … Dann wirst du ganz und gar von der Farbe Silber umgeben. Silber ist die Farbe der Wahrheit, vor allem der Wahrheit einer konstruktiven Zukunft … … Das Silber des Traumlandes zeigt dir, dass es auch für dich eine schöne und gute Zukunft gibt, eine Zukunft, in der du wieder voller Kraft und Freude sein wirst … … Die Farbe Silber ist die Farbe deiner Hoffnung auf Freiheit und Leichtigkeit in deinem Leben … … Als nächste Farbe siehst du die Farbe Gold, die dich umgibt, die dich einhüllt wie ein schützender Mantel aus purem Gold … … Die Farbe Gold ist die wertvollste Farbe im Land der Träume, denn es ist die Farbe der tiefen und unzerstörbaren Kraft in dir. Die Farbe der Lebenskraft, die dir mit deiner Geburt geschenkt wurde, die Farbe der Schöpfung, die auch in dir leuchtet … … Im Land der Träume findest du die Farbe Gold, um diese Schöpfungskraft tief in dir zu spüren und wieder für dich wirken zu lassen … … Schließlich umgibt dich die Farbe Rot.

Ein kräftiges, intensives Rot leuchtet die gesamte Lichtung aus … … Rot ist die Farbe der Liebe … … Sie erinnert dich im Land der Träume daran, dass du dich selbst wieder lieben darfst, so wie es einst war … … Mit der Fähigkeit und dem Willen zur Selbstliebe bist du geboren worden, doch vieles in deinem Leben ist geschehen, und vieles hat dazu beigetragen, dass du dich selbst nicht immer lieben konntest … … Vielleicht kannst du dich schon gar nicht mehr daran erinnern, dass es jemals anders war, dass du dich selbst früher geliebt hast, denn im Lauf deines Lebens, in den Ereignissen und Erlebnissen deiner Vergangenheit, hast du angefangen an dir zu zweifeln, hast dich immer wieder verstellen müssen und deine Gefühle verstecken müssen, weil niemand da war, dem du sie anvertrauen konntest … … anfangs nur in bestimmten Situationen oder in einer bestimmten Umgebung … … auch bestimmten Menschen gegenüber … … Später ist es dann zur Routine geworden, bis du deine eigenen Gefühle selbst nicht mehr richtig spüren konntest, sondern meistens die Gefühle, die du glaubtest haben zu müssen … … Die Farbe Rot hilft dir, deine eigenen Gefühle wieder zu finden und so anzunehmen wie sie sind und dich selbst dabei annehmen und lieben zu können … … .

Du stehst auf und gehst weiter … … Schritt für Schritt … … um deine Gefühle und damit dich selbst im Land der Träume zu befreien. Heute fängst du damit an … … Dein Weg führt dich zur Lichtung des einen Problems, ein Platz mitten im Wald deiner Gedanken, der aus deinen Gefühlen heraus entsteht. Alle Orte im Land der Träume haben eine Bedeutung und diese Lichtung zeigt deine Gedanken zu deiner Erschöpfung … … In der Mitte der Lichtung steht eine große steinerne Gedenktafel in der Farbe Grau, auf der ganz oben wie eine Überschrift das Problem steht, mit dem du dich beschäftigst. Dort steht „Ich bin vollkommen erschöpft "oder „Ich kann nicht mehr". Und darunter stehen ganz viele Anforderungen und Einschätzungen von außen, denen du als Kind und auch als erwachsene Person begegnet bist. Vielleicht steht dort „Du musst fleißig sein" oder „Du musst Verantwortung übernehmen" oder „Kümmere dich mehr um andere als um dich selbst", weil du solche Sätze oft gehört oder selbst gedacht hast. Vielleicht steht dort auch „Stell dich nicht so an" oder „Andere haben es schwerer als du". Ganz von alleine zeigen sich die Sätze, die du so oft gehört und irgendwann selbst gedacht hast. Doch das waren nicht deine Gedanken und Einschätzungen. Du bist ihnen so oft begegnet, dass du sie irgendwann übernommen hast … … Das musste damals so geschehen, weil du nur so wirklich durchhalten konntest, weil du in deinem Innern nur so überleben konntest. Dich anzupassen, ob nun bewusst oder unbewusst, war deine Überlebensstrategie … … Du hättest deine Gefühle gerne jemandem erzählt, der dir geholfen hätte, doch du musstest sie zu oft mit dir selbst ausmachen … … gerade dann, wenn es am schwersten war … … So hast du dir angewöhnt, viel zu leisten ohne Pausen, um durch gute Leistung oder Erfolg die Liebe zu bekommen, die du früher nicht hattest … … Doch diese graue steinerne Tafel wartet darauf, zu Staub zu zerfallen, um deinen wahren Gefühlen Raum zu geben, um wieder kraftvoll und frei zu werden … … Hier im Land der Träume kannst du deine wahren Gefühle finden, die dir dabei helfen, ob sie nun angenehm oder schmerzhaft sind … …

Emotionale Verankerung und Motivation. Dann läufst du zwischen den Bäumen hindurch und folgst nur noch deinem Gefühl und erreichst das Ende des Waldes. Du gehst nach draußen, stehst auf einer Hochebene … … Von hier aus kannst du das gesamte Traumland überblicken. Du siehst Berge und Täler, Flüsse und Seen, Wiesen und Wälder. Dieses weite Land gehört dir, es wartet darauf, von dir entdeckt und erkundet zu werden … … Hier kannst du dich selbst und deinen Frieden finden, heute schon und an jedem Tag deines Lebens ein weiteres Stück … … Du machst dir klar, dass das Land der Träume ganz tief in dir drin ist … … Dort war es schon immer … … Ich erzähle dir nur davon.

[Nun erlaube dir noch eine Weile der Ruhe und Erholung. Spüre deinen Körper, der deine Emotionen spiegelt. Wenn dein Körper sich ruhig und entspannt anfühlt, dann hast du innere Ruhe gefunden. Mit Achtsamkeit und Respekt vor dir selbst kannst du die Empfindungen deines Körpers wahrnehmen und einfach nur da sein. Im Augenblick der Gegenwart verweilen und die Stille des Augenblicks genießen. Und in der Stille kannst du dich darauf einstellen, wieder wach und aktiv zu werden und deine Augen zu öffnen, denn du bist bereits wach.]

Burnout und Erschöpfungssydrome
Zweite Sitzung (Vergangenheitsbewältigung)

[Du hast viel darüber nachgedacht, wie die Erschöpfung entstanden ist und warum du da rein geraten bist. Die Frage nach dem Warum ist sicherlich wichtig für dich selbst, wichtig kann außerdem auch die Frage nach dem Wozu sein. Die Frage könnte also lauten: Wozu kannst du diese Zeit der Erschöpfung und des Stehenbleibens nutzen? Ich biete dir an, dass du sie nutzt, um einen neuen Weg zu finden, einen neuen Umgang mit dir selbst und mit deinen Ressourcen. Was passiert ist, kannst du nicht mehr ändern. Doch du kannst heute noch einmal zurück schauen, einen Besuch in einer früheren Zeit machen. Vielleicht kannst du dann dort die Antwort auf deine Frage finden, doch vor allem kannst du dort auch etwas anderes finden. Du kannst dort deinen neuen Weg finden. Denn so wie du einst gelernt hast, immer dran zu bleiben, auch dann wenn es zu viel wird, so kannst du in der Betrachtung der Vergangenheit lernen wie das geht, dass du dich besser um dich selbst kümmern kannst, um erst gar nicht mehr so auszubrennen. Einst hast du gelernt, immer weiter zu machen, dich selbst nicht so wichtig zu nehmen. Heute lernst du jedoch, dir selbst mit mehr Achtsamkeit zu begegnen. Das hilft dir dann auch bei der notwendigen Erholung.]

Ankommen im Land der Träume. Träume gehören zu unserem Leben … … wir tauchen nachts im Schlaf in sie ein und unsere Wirklichkeit verschwimmt mit ihnen … … und tagsüber sind es die Tagträume, die Fantasien, die uns in eine andere Welt bringen … … eine Welt oder ein Leben, das so ist, wie wir es uns ausmalen … … befreit von Sorgen und Problemen … … kreativ und frei … … Diese Welt der kreativen Fantasie kann uns helfen, tatsächlich unser Leben zu verändern … … denn nur was wir denken und fühlen kann auch geschehen … … Tief in uns gibt es dieses Land der unbegrenzten Fantasie und Schöpfungskraft … … ein Land voller Überraschungen und Neuerungen … … das Land der Träume, in dem alles möglich ist … … Also lade ich dich zu einer Reise in dieses Land ein … … Du kannst es ganz leicht erreichen, denn es ist tief in dir … … Mit dem nächsten Atemzug bist du schon dort … … in genau diesem Augenblick … …

Distanzierung vom Bewussten. Das Land der Träume sieht so aus, wie die schönste Naturlandschaft aussehen müsste, die du dir überhaupt vorstellen kannst … … Wahrscheinlich kann sich jeder Mensch eine wunderschöne Natur vorstellen, also kannst es auch du … … vielleicht hat dein Traumland ausgedehnte Wälder oder kahle Hügel … … möglicherweise ist es eine sehr grüne Landschaft mit Gras und Blättern an den Bäumen … … oder du magst lieber eine Landschaft mit Bergen und Tälern oder mit Tieren, die ganz natürlich leben … … Schau dich um und lass eine Landschaft deiner Träume entstehen … … Du hörst das Geräusch fließenden Wassers … … das Zwitschern der Vögel … … Du erblickst einen Wald und folgst dem Weg, der dort hinein führt … … Der Wald deiner Gedanken … …

Bewusstseinsreinigung. Du kommst zu einer Lichtung im Wald … … auf der Lichtung stehen unendlich viele weiße, brennende Kerzen … … Die ganze Lichtung ist in wunderschönes weißes Licht getaucht … … Der Schimmer der kleinen Flammen erhellt den dunklen Wald und lässt die Lichtung weiß glänzen … … Du stellst dich in die Mitte der Lichtung und wirst von dem weißen Licht ganz und gar eingehüllt … … Das Licht durchdringt deinen Körper … … Du schaust an deinem Körper entlang und beobachtest, wie dein ganzer Körper, durchflutet von dem Licht, mehr und mehr von innen heraus weiß leuchtet … … es ist als wärest du selbst eine weiß leuchtende Kerze im dunklen Wald … … Du gehst zum Rand der Lichtung und mit einem großen Schritt verlässt du die Lichtung der weißen Kerzen auf der anderen Seite … …

Konfrontation und Klärung. Du stehst vor einem Feld mit Sonnenblumen … … Die Sonnenblumen leuchten goldgelb und weil ihre schöne Farbe dich anzieht, gehst du mit großen Schritten durch das Feld hindurch … … und mit jedem Schritt nach vorne neigen sich die Stiele der Blumen zur Seite, sodass du ungehindert durch das goldgelbe Feld gehen kannst … … Du denkst darüber nach, wie die Belastung, die dich so erschöpft hatte, zustande gekommen sein mag … … Du hast zuviel gearbeitet und zu wenig Pausen gemacht … … doch das ist nicht einfach so geschehen … … Du hast einst gelernt, ganz viel tun und erfüllen zu müssen … … hast das als Selbstverständlichkeit kennen gelernt … … Und während du noch darüber nachdenkst, findest du eine gläserne Kugel, so groß wie ein Ball … … Im Schatten zwischen den Sonneblumen findest du einen schönen Platz und setzt dich hin … … Du hältst die Kugel gegen das Licht der Sonne und schaust durch das Glas … … und in dem funkelnden Sonnenlicht, das sich im Glas der Kugel bricht, kannst du Bilder deiner Erinnerungen erkennen … … Du siehst zuerst Bilder aus deiner Kindheit … … Du kannst dich selbst erkennen und auch andere Menschen, mit denen du zu tun hattest … … Menschen, die in deinem Leben eine Rolle gespielt haben … … Du siehst noch einmal, wie das früher war … … vor allem siehst du Bilder von Menschen oder Situationen, die dir zeigen, wie du das einst gelernt hast, immer so viel zu leisten und immer weiter zu machen … … vielleicht gibt es ganz viele Bilder hierzu … … oder einige ganz besondere Erinnerungen … … vielleicht ist es auch nur eine einzige ganz besondere Erinnerung, die sich in den Bildern der Glaskugel zeigt … … eine Situation oder eine Person, die dir am besten zeigt, wie das einst kam, dass du so viel Verantwortung getragen hast … … Vielleicht musstest du als Kind Leistung bringen um geliebt zu werden … … oder du hast auf jemanden aufgepasst … … auf einen Bruder oder eine Schwester oder auf deine Mutter … … Möglicherweise hast du einst gelernt, dass du darauf aufpassen musst, dass es anderen emotional gut geht … … Doch was auch immer dazu geführt hat, dass du ohne Pausen gearbeitet hast, die Bilder sind jetzt in dir und helfen dir … … denn heute ist es anders … … Heute, hier im Land der Träume, lernt du von den gleichen Erinnerungen wie das geht, dich sorgsam um dich selbst zu kümmern und dir selbst ausreichend Auszeiten zu erlauben … … Damals hattest du keine andere Chance als diese Disziplin zu entwickeln, diesen Erfüllungszwang … … Heute ist es anders … … heute lernst du neu … … von deiner eigenen Lebensgeschichte … … Du schaust weiter in die funkelnden Bilder der Kugel … … und selbst wenn du gar keine Bilder sehen solltest, sind alle wichtigen Bilder in dir … … Sie helfen dir jetzt … … Damals hättest du jemanden gebraucht, der dir gesagt hätte, dass du auch ohne Leistung liebenswert bist … … Heute sagt es dir das Land der Träume und sendet dir diese Botschaft ganz tief in dein Gefühl … … Dann legst du die gläserne Kugel auf den Boden und stehst auf … … Im Vertrauen darauf, dass du ganz tief in dir weiter lernst, dir selbst Erholung und Ruhe zu erlauben, dir selbst zu erlauben, nicht perfekt sein zu müssen, gehst du zum Rand des Feldes und setzt deinen Weg weiter fort ... ...

Schritt in die Gegenwart. Du kommst zum Fluss des Lebens, hörst das Wasser fließen ... ... Du gehst am Ufer entlang und findest eine goldene Zugbrücke ... ... die Brücke der inneren Freiheit, die nur dann herab gelassen wird und den Übergang ermöglicht, wenn die richtige Zeit gekommen ist, um aus der Vergangenheit heraus in die Gegenwart zu gehen ... ... in die einzige Zeit, die es wirklich gibt ... ... denn Gegenwart ist die einzige Zeit, die du gestalten kannst ... ... Vergangenheit ist nur eine Erinnerung ... ... Zukunft wird zur Gegenwart in der nächsten Sekunde ... ... Die Brücke senkt sich und legt sich über den Fluss des Lebens ... ... Sie gibt den Weg frei, den du jetzt gehen kannst ... ... Du gehst jetzt über die goldene Zugbrücke der inneren Freiheit und kommst auf der anderen Seite an ... ... im Augenblick der Gegenwart ... ...

Kreative Neuausrichtung. Du stehst auf einer Blumenwiese und schaust in die Ferne ... ... Du entdeckst einen kleinen See und gehst dorthin ... ... Das Wasser funkelt im Sonnenlicht silbern ... ... Du schaust in den See und kannst bis auf den Boden blicken, denn das Wasser ist ganz klar ... ... und mit dem Blick in die Tiefe kannst du allmählich an der Oberfläche ein Bild erkennen ... ... ein Bild, das dir einen kleinen Blick in die nahe Zukunft erlaubt ... ... Du siehst dich selbst ... ... Es ist als würdest du in einen Spiegel blicken, du siehst dein Gesicht im Wasser ... ... und deinen Gesichtsausdruck ... ... Du siehst ganz entspannt aus ... ... gut erholt ... ... wie ausgeschlafen und voller Kraft ... ... wie nach einer erholsamen Kur ... ... Dann bemerkst du ganz tief in dir, dass du dich auch jetzt schon besser fühlst, denn auch jetzt kannst du Ruhe und Entspannung in dir fühlen ... ... vielleicht sogar die Entspannung auf deinem Gesicht ... ...

Selbstversöhnung. Dann siehst du plötzlich direkt neben deinem Gesicht ein zweites, kleineres Gesicht im Spiegel der Wasseroberfläche ... ... ein Kindergesicht und du hast den Eindruck, dass du dieses Kindergesicht schon einmal gesehen hast vor langer Zeit ... ... Du schaust auf und neben dir steht tatsächlich ein Kind ... ... Dir fällt auf, dass dieses Kind so aussieht wie du selbst als Kind ausgesehen hast ... ... Du bist dieses Kind, denn im Land der Träume kannst du dir selbst in einer anderen Zeit begegnen ... ... deinem inneren Kind begegnen ... ... Das Kind begrüßt dich und freut sich, dass du da bist um endlich Pause zu machen ... ... endlich auszuruhen ... ... damit es auch ausruhen kann, denn auch das Kind ist von der vielen Arbeit müde geworden ... ... von der Last der vermeintlichen Pflichten ... ... Doch es sind ganz viele Kinder da ... ... Die Gruppe der glücklichen Kinder, die das traurige innere Kind begleiten bis es auch glücklich geworden ist ... ... Dein inneres Kind verabschiedet sich von dir um mit den glücklichen Kindern zum Horizont zu laufen ... ... dorthin wo deine Zukunft beginnt ... ...

Achtsamkeit und Selbsttreue. Dann findest du einen schönen Platz auf der Blumenwiese ... ... unter einem großen Baum, der dir Schatten spendet und seine langen Äste wie schützende Arme über dir ausbreitet ... ... Seine Blätter bilden ein Dach, unter dem du beschützt liegen kannst ... ... Eine rote Wolldecke liegt hier für dich, eine ganz weiche und bequeme Decke ... ... Du legst dich also hin und machst es dir bequem, um alle Eindrücke deiner heutigen Reise ganz tief wirken zu lassen ... ... Du schließt die Augen und versinkst in deinen Träumen ... ... Du träumst von den glücklichen Kindern, die so leicht und fröhlich zum Horizont tanzen ... ... und deine Seele tanzt mit ihnen dorthin, um selbst ein glückliches Kind zu sein ... ... gleichzeitig erwachsen und Kind ... ... einig und eins mit dir selbst ... ... Dann denkst du noch einmal darüber nach, dass das Land der Träume ganz tief in dir drin ist ... ... Dort war es schon immer ... ... Ich erzähle dir nur davon ... ...

[Nun erlaube dir noch eine Weile der Ruhe und Erholung. Spüre deinen Körper, der deine Emotionen spiegelt. Wenn dein Körper sich ruhig und entspannt anfühlt, dann hast du innere Ruhe gefunden. Mit Achtsamkeit und Respekt vor dir selbst kannst du die Empfindungen deines Körpers wahrnehmen und einfach nur da sein. Im Augenblick der Gegenwart verweilen und die Stille des Augenblicks genießen. Und in der Stille kannst du dich darauf einstellen, wieder wach und aktiv zu werden und deine Augen zu öffnen, denn du bist bereits wach.]

Burnout und Erschöpfungssydrome
Dritte Sitzung (Loslassen der Schuldgefühle)

[Du kennst das Bedürfnis, immer alles richtig und gut zu machen, mehr zu leisten als von dir verlangt wird. Das hast du immer getan, selbst dann, wenn du selbst der Ansicht warst, nicht ausreichend gearbeitet oder nicht genug getan zu haben, hast du dich intensiv eingebracht und sehr viel geleistet. Es war dann sogar so, dass du ein schlechtes Gewissen hattest, wenn du selbst das Gefühl hattest, dass du hättest mehr bringen können, bessere Ergebnisse haben können. Dann hast du dieses Schuldgefühl gespürt, das dich erneut angetrieben hat. Wenn du darüber nachdenkst, kannst du heute erkennen, dass du eigentlich immer das Gefühl hattest, dass du auch noch mehr hättest leisten können oder mehr hättest erreichen können. Immer wieder hast du diesen Gedanken gehabt. Dieses Gefühl, nicht genug getan zu haben und damit verbunden auch nicht genug zu sein, hast du schon als Kind gehabt. Vielleicht nicht ständig, doch du kennst diesen Glauben aus deiner Kinderzeit. Vielleicht hast du es so gelernt, weil es dir jemand tatsächlich so gesagt hat. Vielleicht war auch einfach niemand da, der dir gesagt hat, dass du auch dann liebenswert bist, wenn du einmal nicht perfekt bist, wenn mal etwas schief geht. Du hättest jemanden gebraucht, der dir das gesagt hätte. Später dann als Erwachsener hast du nicht mehr daran geglaubt, dass dich jemand gut finden könnte oder dass dich sogar jemand lieben könnte, wenn du irgendwelche Mängel hast oder Nachlässigkeiten begehst. Du hast dich so oft schuldig gefühlt, doch schuldig warst du niemals. Heute kannst du die alten Schuldgefühle loslassen, denn es waren nicht deine wirklichen Gefühle.]

Ankommen im Land der Träume. Träume gehören zu unserem Leben ... ... wir tauchen nachts im Schlaf in sie ein und unsere Wirklichkeit verschwimmt mit ihnen ... ... und tagsüber sind es die Tagträume, die Fantasien, die uns in eine andere Welt bringen ... ... eine Welt oder ein Leben, das so ist, wie wir es uns ausmalen ... ... befreit von Sorgen und Problemen ... ... kreativ und frei ... ... Diese Welt der kreativen Fantasie kann uns helfen, tatsächlich unser Leben zu verändern ... ... denn nur was wir denken und fühlen kann auch geschehen ... ... Tief in uns gibt es dieses Land der unbegrenzten Fantasie und Schöpfungskraft … … ein Land voller Überraschungen und Neuerungen … … das Land der Träume, in dem alles möglich ist … … Also lade ich dich zu einer Reise in dieses Land ein … … Du kannst es ganz leicht erreichen, denn es ist tief in dir … … Mit dem nächsten Atemzug bist du schon dort … … in genau diesem Augenblick … …

Distanzierung vom Bewussten. Du stehst auf einem breiten Weg im Land der Träume, der dich zum Wald deiner Gedanken führt … … Du siehst ihn vor dir und gehst langsam darauf zu … … Du spürst den warmen Wind auf deiner Haut und lässt deine Gedanken mit dem Wind durch das Traumland ziehen … … Heute erlaubst du dir Ruhe und Gelassenheit … … Du schlenderst einfach über den Weg, gehst gemütlich und ohne Eile … … Der Weg führt in den Wald und es wird langsam dunkler, doch deinen Weg kannst du gut erkennen … … Du gehst immer tiefer in den Wald und mit jedem Schritt kommst du mehr zur Ruhe … … mit jedem Schritt gehst du tiefer in die Welt deiner eigenen Gedanken und Gefühle … … in die Welt deiner Stimmungen und deiner Glaubenshaltungen … …

Bewusstseinsreinigung. Du kommst zu einer Lichtung im Wald … … auf der Lichtung stehen unendlich viele weiße, brennende Kerzen … … Die ganze Lichtung ist in wunderschönes weißes Licht getaucht … … Der Schimmer der kleinen Flammen erhellt den dunklen Wald und lässt die Lichtung weiß glänzen … … Du stellst dich in die Mitte der Lichtung und wirst von dem weißen Licht ganz und gar eingehüllt … … Das Licht durchdringt deinen Körper … … Du schaust an deinem Körper entlang und beobachtest, wie dein ganzer Körper, durchflutet von dem Licht, mehr und mehr von innen heraus weiß leuchtet … … es ist als wärest du selbst eine weiß leuchtende Kerze im dunklen Wald … … Du gehst zum Rand der Lichtung und mit einem großen Schritt verlässt du die Lichtung der weißen Kerzen auf der anderen Seite … …

Konfrontation und Klärung. Du gehst weiter durch den Wald deiner Gedanken … … Alle deine Gedanken sind hier … … die altgewachsenen Gedanken begegnen dir in alten, hohen Bäumen … … neuere Gedanken, die in den letzten Jahren oder Monaten entstanden sind, findest du hier in dünneren, kleineren Bäumen ... ... und ganz junge oder gerade erst aufkommende Gedanken findest du als kleine Triebe, die gerade erst aus dem Boden kommen ... ... Du erreichst einen alten, riesigen Baum ... ... ein Mammutbaum, der alle anderen Pflanzen des Waldes überragt ... ... Er steht schon sehr lange im Wald deiner Gedanken, ist einer der ältesten ... ... und an dem riesigen Baum hängt ein Schild mit der Aufschrift *Baum des schlechten Gewissens* ... ... Dieser Gedanke ist sehr alt, denn du trägst ihn in dir solange du denken kannst ... ... So oft hast du ein schlechtes Gewissen gehabt, dich schuldig gefühlt ... ... auch dann, wenn du überhaupt nicht verantwortlich warst ... ... Wann auch immer du das Gefühlt hattest, weniger getan oder geleistet zu haben als möglich gewesen wäre, hast du das schlechte Gewissen gespürt ... ... Doch meistens war es nicht wirklich ein Schuldgefühl, sondern nur dein Glaube, schuldig zu sein ... ... ein Glaube, den du schon vor vielen Jahren so gelernt hast ... ... Jetzt ist es an der Zeit, das schlechte Gewissen loszulassen, um endlich wieder frei zu werden und um dir selbst viel besser Ruhe erlauben zu können ... ... um besser damit leben zu können, nicht perfekt zu sein ... ... Du gehst um den Baum herum und auf der anderen Seite entdeckst du einen Brunnen mit einem Eimer ... ... An dem Brunnen hängt ein Schild mit der Aufschrift *Brunnen der Ruhe* ... ... Du schöpfst mit dem Eimer Wasser aus dem Brunnen der Ruhe und gießt damit den riesigen Baum ... ... mit jedem Eimer aus dem Brunnen erlaubst du dir innerlich etwas mehr Ruhe und Erholung zu finden ... ... Du gießt den Baum des schlechten Gewissens ... ... und dabei geschieht etwas Besonderes im Land der Träume ... ... Der Baum wächst rückwärts ... ... Er wird immer kleiner, je mehr du aus dem Brunnen schöpfst und vor dem Baum in die Erde gießt ... ... mit jedem Eimer des Brunnenwassers wird der Baum des schlechten Gewissens kleiner und kleiner ... ... bis er schließlich schon die Größe eines ganz normalen Baumes hat und immer weiter schrumpft ... ... denn mit der inneren Erlaubnis zur Ruhe erlaubst du dir auch, auf Perfektionismus zu verzichten und gleichzeitig in einem guten Gewissen zu bleiben ... ... ohne Schuldgefühle ... ... Mit jedem Eimer ersetzt du das Gefühl der Schuld und des schlechten Gewissens durch dein wahres Gefühl ... ... durch das Gefühl der Selbstachtung und Selbstliebe ... ... Der Baum wird immer kleiner und kleiner … … Dann gehst du zum Rand des Waldes und vertraust darauf, dass der Baum noch kleiner wird … … bis er schließlich nur ein ganz kleines Pflänzchen ist … … Du erreichst den Rand des Waldes und gehst nach draußen … … Du setzt deinen Weg fort, folgst einfach deinem Gefühl … …

Schritt in die Gegenwart. Du kommst zum Fluss des Lebens, hörst das Wasser fließen … … Du gehst am Ufer entlang und findest eine goldene Zugbrücke … … die Brücke der inneren Freiheit, die nur dann herab gelassen wird und den Übergang ermöglicht, wenn die richtige Zeit gekommen ist, um aus der Vergangenheit heraus in die Gegenwart zu gehen … … in die einzige Zeit, die es wirklich gibt … … denn Gegenwart ist die einzige Zeit, die du gestalten kannst … … Vergangenheit ist nur eine Erinnerung … … Zukunft wird zur Gegenwart in der nächsten Sekunde … … Die Brücke senkt sich und legt sich über den Fluss des Lebens … … Sie gibt den Weg frei, den du jetzt gehen kannst … … Du gehst jetzt über die goldene Zugbrücke der inneren Freiheit und kommst auf der anderen Seite an … … im Augenblick der Gegenwart … …

Kreative Neuausrichtung. Du stehst am Rand eines Blumenfeldes mit wunderschönen roten Mohnblumen … … Du gehst in das Feld und lässt die rote Farbe auf dich wirken … … Du schließt die Augen und als du sie wieder öffnest, sind es plötzlich lauter rote Rosen, die dich umgeben … … Verliebte Menschen schenken sich rote Rosen, doch diese Rosen schenkst du dir selbst … … Sie zeigen dir, dass du dich selbst lieben darfst, so wie du bist … … Du gehst ganz nah an die Blüten heran und hörst wie sie flüstern … … *Liebe dich selbst, so wie du bist* … … Diese Rosen haben keine Dornen … … Das war einst anders … … Früher hat der Versuch, dich selbst zu lieben dich gestochen wie die Dornen der Rosen … … doch heute ist es möglich, die Selbstliebe zuzulassen ohne dich an Dornen zu verletzen … … vielleicht kannst du dich heute schon ein bisschen lieben und morgen ganz intensiv … … vielleicht heute im Land der Träume und morgen in deiner wachen Wirklichkeit … …

Selbstversöhnung. Dann hörst du Kinderstimmen im Wind … … Die Gruppe der glücklichen Kinder läuft durch das Rosenfeld zu dir … …

und allen voran läuft das innere Kind … … Das Kind, das so aussieht wie du als Kind ausgesehen hast … … Es lacht und winkt dir zu … … Es freut sich, dass du den Baum des schlechten Gewissens kleiner gemacht hast … … dass du für dich und für das Kind in dir versucht hast, die alten Schuldgefühle loszulassen, die niemals deine eigenen waren … … Du atmest tief ein und aus und mit offenen Armen empfängst du das innere Kind … … Du drückst es ganz fest an dich und dann spürst die Hoffnung und Zuversicht des Kindes, die deine eigene Hoffnung und Zuversicht ist … … Du läufst mit der Gruppe der glücklichen Kinder durch das Rosenfeld und begleitest sie ein Stück auf dem Weg zum Horizont … … Dann erreichst du den Rand des Feldes und kommst auf die Blumenwiese … …

Achtsamkeit und Selbsttreue. Dann findest du einen schönen Platz auf der Blumenwiese … … unter einem großen Baum, der dir Schatten spendet und seine langen Äste wie schützende Arme über dir ausbreitet … … Seine Blätter bilden ein Dach, unter dem du beschützt liegen kannst … … Eine rote Wolldecke liegt hier für dich, eine ganz weiche und bequeme Decke … … Du legst dich also hin und machst es dir bequem, um alle Eindrücke deiner heutigen Reise ganz tief wirken zu lassen … … Du schließt die Augen und versinkst in deinen Träumen … … Du träumst von den glücklichen Kindern, die so leicht und fröhlich zum Horizont tanzen … … und deine Seele tanzt mit ihnen dorthin, um selbst ein glückliches Kind zu sein … … gleichzeitig erwachsen und Kind … … einig und eins mit dir selbst … … Dann denkst du noch einmal darüber nach, dass das Land der Träume ganz tief in dir drin ist … … Dort war es schon immer … … Ich erzähle dir nur davon … …

[Nun erlaube dir noch eine Weile der Ruhe und Erholung. Spüre deinen Körper, der deine Emotionen spiegelt. Wenn dein Körper sich ruhig und entspannt anfühlt, dann hast du innere Ruhe gefunden. Mit Achtsamkeit und Respekt vor dir selbst kannst du die Empfindungen deines Körpers wahrnehmen und einfach nur da sein. Im Augenblick der Gegenwart verweilen und die Stille des Augenblicks genießen. Und in der Stille kannst du dich darauf einstellen, wieder wach und aktiv zu werden und deine Augen zu öffnen, denn du bist bereits wach.]

Burnout und Erschöpfungssydrome

Vierte Sitzung (Verzicht auf Wiedergutmachung)

[Wenn etwas schief geht in unserem Leben, wünschen wir uns oft, dass wir alles noch einmal machen könnten. Wenn wir Unrecht oder Leid durch andere erlebt haben, wünschen wir uns, all das möge niemals geschehen sein oder wir erwarten einen Ausgleich für das Erlittene. Wenn wir selbst etwas falsch gemacht haben, träumen wir davon, alles noch einmal anders machen zu können. Doch das ist nicht möglich. Wir können ab sofort so viel ändern in unserem Leben, doch nichts können wir im Nachhinein verändern. Was geschehen ist, können wir nur noch akzeptieren und daraus lernen, was auch immer es war. Es ist vorüber und gehört zu unserer Geschichte. Was auch immer also in deinem Leben geschehen ist, ob du anderen Vorwürfe machst oder dir selbst; alles was in deinem Leben geschehen ist, ist die Geschichte deines bisherigen Lebens. Eine andere hast du nicht. Du kannst aber versuchen, das Geschehene anzunehmen und den Wunsch nach Veränderung der Vergangenheit loszulassen, denn er ist nicht erfüllbar. Er hält dich nur fest in der Vergangenheit. Nur in der Gegenwart kannst du wirklich sein. Du lässt also heute das Vergangene los und wirst dadurch freier und stärker für die Gestaltung deiner Gegenwart.]

Ankommen im Land der Träume. Träume gehören zu unserem Leben ... ... wir tauchen nachts im Schlaf in sie ein und unsere Wirklichkeit verschwimmt mit ihnen ... ... und tagsüber sind es die Tagträume, die Fantasien, die uns in eine andere Welt bringen ... ... eine Welt oder ein Leben, das so ist, wie wir es uns ausmalen ... ... befreit von Sorgen und Problemen ... ... kreativ und frei ... ... Diese Welt der kreativen Fantasie kann uns helfen, tatsächlich unser Leben zu verändern ... ... denn nur was wir denken und fühlen kann auch geschehen ... ... Tief in uns gibt es dieses Land der unbegrenzten Fantasie und Schöpfungskraft ... ... ein Land voller Überraschungen und Neuerungen ... ... das Land der Träume, in dem alles möglich ist ... ... Also lade ich dich zu einer Reise in dieses Land ein ... ... Du kannst es ganz leicht erreichen, denn es ist tief in dir ... ... Mit dem nächsten Atemzug bist du schon dort ... ... in genau diesem Augenblick ... ...

Distanzierung vom Bewussten. Du betrachtest das Land der Träume, das jedes Mal anders aussehen kann, wenn du es betrittst ... ... Vieles erkennst du vielleicht sofort wieder, weil es gleich geblieben ist ... ... andere Stellen oder Bereiche haben sich vielleicht verändert ... ... Falls das so ist, zeigt dir das nur, dass du selbst genau so bist ... ... Ein Teil von dir bleibt wie er ist und das ist auch gut so ... ... ein anderer Teil von dir entwickelt sich weiter und verändert sich damit ... ... Du erkennst diese Veränderung in den neuen Bildern des Traumlandes, die du entdecken kannst, wenn du das Land genau beobachtest ... ... Du findest den breiten Weg, der durch das Traumland führt ... ... Du folgst dem Weg und weißt, dass er dich zum Wald deiner Gedanken führen wird ... ... Du siehst den Wald vor dir ... ... Der Weg führt dich in den Wald ... ...

Bewusstseinsreinigung. Du kommst zu einer Lichtung im Wald ... ... auf der Lichtung stehen unendlich viele weiße, brennende Kerzen ... ... Die ganze Lichtung ist in wunderschönes weißes Licht getaucht ... ... Der Schimmer der kleinen Flammen erhellt den dunklen Wald und lässt die Lichtung weiß glänzen ... ... Du stellst dich in die Mitte der Lichtung und wirst von dem weißen Licht ganz und gar eingehüllt ... ... Das Licht durchdringt deinen Körper ... ... Du schaust an deinem Körper entlang und beobachtest, wie dein ganzer Körper, durchflutet von dem Licht, mehr und mehr von innen heraus weiß leuchtet ... ... es ist als wärest du selbst eine weiß leuchtende Kerze im dunklen Wald ... ... Du gehst zum Rand der Lichtung und mit einem großen Schritt verlässt du die Lichtung der weißen Kerzen auf der anderen Seite ... ...

Konfrontation und Klärung. Du kommst zu einem hohen Zaun, der den Wald in zwei Bereiche teilt ... ... Er teilt sogar das gesamte Land wie eine eiserne Grenze ... ... Du findest eine Tür im Zaun und vor der Tür liegt der Schlüssel, den du aufhebst ... ... Du gehst auf die Tür zu ... ... und jenseits des Zaunes stehen die Menschen, die in deinem Leben eine besondere Rolle gespielt haben ... ... damals als du deine eigenen Gefühle am meisten verleugnen musstest ... ... damals als du dich mehr um andere kümmern musstest als um dich selbst ... ... damals als du deine Gefühle unterdrücken musstest und niemand da war, der sie hören konnte oder wollte ... ... niemand, dem du dich anvertrauen konntest … … vielleicht hast du einigen auch versucht, von deinen Gefühlen zu erzählen, doch deine Gefühle wurden nicht gehört … … möglicherweise sind einige Personen jenseits des Zauns auch schon nicht mehr am Leben oder du begegnest ihnen heute einfach nicht mehr … … andere spielen immer noch eine große Rolle in deinem Leben … … Du begegnest ihnen in deinem wachen Alltag immer noch oder immer wieder … … Hier im Land der Träume entscheidest immer nur du, wer in deiner Nähe sein darf … … hier kann und darf nur das geschehen, was du erlaubst … … Niemand kann die eiserne Tür jemals ohne deine Zustimmung überwinden, niemand ohne deine Erlaubnis zu dir kommen … … Hier im Land der Träume, auf der anderen Seite der Mauer, sind nur die Anteile dieser Menschen, die der Vergangenheit angehören … … und diese bleiben für immer dort, denn dort gehören sie hin … … Dann tritt eine graue Gestalt an das eiserne Tor, dir gegenüber, auf der anderen Seite … … Du erkennst einen Menschen, der dich besonders intensiv geprägt und beeinflusst hat … … Dieser Mensch bleibt auf seiner Seite des Zaunes stehen … … Hier im Land der Träume entscheidest nur du, was möglich ist … … Niemand, den du nicht dazu einlädst, kann den Zaun überwinden und mit dir im Land der Träume sein … … Hier geht es nur um dich und deinen Frieden … … nur deshalb ist dieser Mensch heute hier … … nur deshalb sind alle anderen hier … … dann sagst du laut und deutlich, sodass alle auf der anderen Seite es hören können: *Ich nehme das Leben an, zu dem Preis, den es euch gekostet hat und zu dem Preis, den es mich gekostet hat. All das soll nicht umsonst gewesen sein. Es kann und wird Gutes daraus entstehen* … … Du stehst immer noch am eisernen Zaun und die Menschen auf der anderen Seite werden zu Schattengestalten … … wie graue Geister, die sich langsam auflösen … … Die ganze Welt auf der anderen Seite des Zaunes ist nur ein Schatten der Vergangenheit … … All das ist Teil deiner Geschichte, mehr nicht … … Du siehst, wie sich die Schatten auflösen und die Personen damit verschwinden … … Und noch einmal rufst du tief in den dunklen Wald hinein … … *Ich nehme das Leben an, zu dem Preis, den es euch gekostet hat und zu dem Preis, den es mich gekostet hat. All das soll nicht umsonst gewesen sein. Es kann und wird Gutes daraus entstehen* … … Du gehst am Zaun entlang und erreichst den Rand des Waldes … … Dann folgst du dem Geräusch des Wassers … …

Schritt in die Gegenwart. Du kommst zum Fluss des Lebens, hörst das Wasser fließen … … Du gehst am Ufer entlang und findest eine goldene Zugbrücke … … die Brücke der inneren Freiheit, die nur dann herab gelassen wird und den Übergang ermöglicht, wenn die richtige Zeit gekommen ist, um aus der Vergangenheit heraus in die Gegenwart zu gehen … … in die einzige Zeit, die es wirklich gibt … … denn Gegenwart ist die einzige Zeit, die du gestalten kannst … … Vergangenheit ist nur eine Erinnerung … … Zukunft wird zur Gegenwart in der nächsten Sekunde … … Die Brücke senkt sich und legt sich über den Fluss des Lebens … … Sie gibt den Weg frei, den du jetzt gehen kannst … … Du gehst jetzt über die goldene Zugbrücke der inneren Freiheit und kommst auf der anderen Seite an … … im Augenblick der Gegenwart … …

Kreative Neuausrichtung. Du stehst auf der Blumenwiese … … Der Himmel über dir leuchtet hellblau und du streckst beide Hände hoch in die Luft als wolltest du den Himmel anfassen … … und dann fließt das wunderschöne Hellblau des Himmels in deine Hände und deine Arme … … Dein ganzer Körper wird von der Farbe Hellblau ergriffen … … Dein Körper leuchtet hellblau … … Dann setzt du dich auf die Wiese … … vielleicht auch um jetzt noch einmal zu betrauern, dass Wiedergutmachung nicht möglich ist, weil die Vergangenheit nicht mehr geändert werden kann … … Keine Vergeltung und auch kein Geschenk in der Gegenwart könnten wirklich das ungeschehen machen, was einst in unserem Leben geschehen ist … … Ausgleich und Wiedergutmachung gibt es nur für die Gegenwart in der Gegenwart … … Der Himmel über dir färbt sich schließlich rot als Zeichen der Liebe für dich … … Liebe des Traumlandes und deine Selbstliebe … … Liebe von dir für dich … … Dann schläfst du ein und träumst davon wie entspannt du jeden Tag sein kannst … … ganz entspannt … …

Selbstversöhnung. Dann hörst den Klang der Natur … … das Zwitschern der Vögel … … das Plätschern des Wassers … … und im warmen Wind des Traumlandes hörst du Stimmen der glücklichen Kinder … … Sie rufen immer und immer wieder diesen einen Satz … … Sie sprechen ihn für dich aus und mit dir gemeinsam *Ich nehme das Leben an, zu dem Preis, den es euch gekostet hat und zu dem Preis, den es mich gekostet hat. All das soll*

nicht umsonst gewesen sein. Es kann und wird Gutes daraus entstehen ... ...
Du lässt diese Worte ganz tief in dir wirken ... ... Vielleicht fühlt es sich
jetzt schon befreiend und leicht an, sie zu hören oder selbst zu sagen ...
... Möglicherweise spürst du aber auch noch einen Widerstand oder ein
Unwohlsein, kannst es noch nicht mit voller Überzeugung oder mit
wirklich gutem Gefühl aussprechen oder hören ... ... Auch dann ist alles
in Ordnung ... ... Die glücklichen Kinder glauben an diesen Satz und sie
wiederholen ihn solange bis du ihn selbst aus Überzeugung fühlen
kannst ... ... vielleicht ist das heute schon der Fall ... ... oder morgen ...
... oder an jedem weiteren Tag deines Lebens ein bisschen mehr ... ...

Achtsamkeit und Selbsttreue. Dann findest du einen schönen Platz auf der
Blumenwiese ... ... unter einem großen Baum, der dir Schatten spendet
und seine langen Äste wie schützende Arme über dir ausbreitet ... ...
Seine Blätter bilden ein Dach, unter dem du beschützt liegen kannst ...
... Eine rote Wolldecke liegt hier für dich, eine ganz weiche und bequeme Decke ... ... Du legst dich also hin und machst es dir bequem, um
alle Eindrücke deiner heutigen Reise ganz tief wirken zu lassen ... ... Du
schließt die Augen und versinkst in deinen Träumen ... ... Du träumst
von den glücklichen Kindern, die so leicht und fröhlich zum Horizont
tanzen ... und deine Seele tanzt mit ihnen dorthin, um selbst ein
glückliches Kind zu sein ... ... gleichzeitig erwachsen und Kind ... ...
einig und eins mit dir selbst ... ... Dann denkst du noch einmal darüber
nach, dass das Land der Träume ganz tief in dir drin ist ... ... Dort war
es schon immer ... ... Ich erzähle dir nur davon ... ...

*[Nun erlaube dir noch eine Weile der Ruhe und Erholung. Spüre deinen
Körper, der deine Emotionen spiegelt. Wenn dein Körper sich ruhig und
entspannt anfühlt, dann hast du innere Ruhe gefunden. Mit Achtsamkeit und Respekt vor dir selbst kannst du die Empfindungen deines Körpers wahrnehmen und einfach nur da sein. Im Augenblick der Gegenwart verweilen und die Stille des Augenblicks genießen. Und in der Stille kannst du dich darauf einstellen, wieder wach und aktiv zu werden
und deine Augen zu öffnen, denn du bist bereits wach.]*

Burnout und Erschöpfungssydrome
Fünfte Sitzung (Abschlussritual)

[Du hast gelernt, dich besser um dich selbst zu kümmern. Du weißt, dass du mit viel Achtsamkeit und auch mit Nachsicht dir selbst gegenüber dafür sorgen kannst, deine Kräfte richtig einzuteilen. Du kannst große Erfolge in deiner Arbeit erzielen, auch ohne immer schneller und immer besser zu werden. Denn du weißt inzwischen, dass du mit dem Streben nach immer mehr nicht das erreichen kannst, was einst versagt blieb. Die Zuneigung, die du früher nicht bekommen hast, kannst du nicht mehr nachträglich bekommen. Vor allem ist es wichtig, dass du dir selbst soviel Zuneigung wie möglich gibst, denn dann bekommst du auch Anerkennung von außen, denn auch die ist wichtig. Du hast über viele Jahre hinweg immer zuviel gegeben, zuviel geleistet. Du machst es inzwischen anders, bist sorgsamer, aufmerksamer und achtsamer dir selbst gegenüber. Doch du bereitest dich heute darauf vor, so schnell wie möglich wieder in den Zustand der Selbstachtsamkeit zu kommen, falls du im Alltagsstress doch noch einmal so stark ins Treiben geraten solltest wie früher. Du triffst Vorsorge, damit du frühzeitig bemerkst und darauf reagieren kannst, wenn das alte Muster des schnellen und übertriebenen Arbeitens zurückkommen sollte. Du lässt heute alles los, was dich an die Zeit der Erschöpfung noch binden könnte.]

Ankommen im Land der Träume. Träume gehören zu unserem Leben ... ... wir tauchen nachts im Schlaf in sie ein und unsere Wirklichkeit verschwimmt mit ihnen ... ... und tagsüber sind es die Tagträume, die Fantasien, die uns in eine andere Welt bringen ... ... eine Welt oder ein Leben, das so ist, wie wir es uns ausmalen ... ... befreit von Sorgen und Problemen ... ... kreativ und frei ... ... Diese Welt der kreativen Fantasie kann uns helfen, tatsächlich unser Leben zu verändern ... ... denn nur was wir denken und fühlen kann auch geschehen ... ... Tief in uns gibt es dieses Land der unbegrenzten Fantasie und Schöpfungskraft ... ... ein Land voller Überraschungen und Neuerungen ... ... das Land der Träume, in dem alles möglich ist ... ... Also lade ich dich zu einer Reise in dieses Land ein ... ... Du kannst es ganz leicht erreichen, denn es ist tief in dir … … Mit dem nächsten Atemzug bist du schon dort … … in genau diesem Augenblick … …

Distanzierung vom Bewussten. Du stehst auf einem breiten Weg, der durch das Traumland führt und du gehst los … … Schritt für Schritt gehst du tiefer in das Land der Träume … … Du weißt, dass der Weg dich zum Wald deiner Gedanken führt … … Gedanken haben dich oft gezwungen weiter zu machen, obwohl du nicht mehr konntest … … Gedanken waren es, die dir immer wieder ein schlechtes Gewissen eingeredet haben … … doch Gedanken können dich auch befreien, indem sie zu Gefühlen werden … … Gefühle, die du nicht in Worte fassen musst … … Gefühle, die du nicht überlegen und nicht bewerten musst … … Du darfst sie einfach nur fühlen … … das ist dann schon genug … … Du näherst dich dem Wald und gehst mit Vertrauen hinein … … Vertrauen darauf, dass du immer nur dich selbst findest im Land der Träume … … immer nur dich selbst … …

Bewusstseinsreinigung. Du kommst zu einer Lichtung im Wald … … auf der Lichtung stehen unendlich viele weiße, brennende Kerzen … … Die ganze Lichtung ist in wunderschönes weißes Licht getaucht … … Der Schimmer der kleinen Flammen erhellt den dunklen Wald und lässt die Lichtung weiß glänzen … … Du stellst dich in die Mitte der Lichtung und wirst von dem weißen Licht ganz und gar eingehüllt … … Das Licht durchdringt deinen Körper … … Du schaust an deinem Körper entlang und beobachtest, wie dein ganzer Körper, durchflutet von dem Licht, mehr und mehr von innen heraus weiß leuchtet … … es ist als wärest du selbst eine weiß leuchtende Kerze im dunklen Wald … … Du gehst zum Rand der Lichtung und mit einem großen Schritt verlässt du die Lichtung der weißen Kerzen auf der anderen Seite … …

Konfrontation und Klärung. Du folgst einen kleinen Pfad, den du plötzlich entdeckst … … Er sieht aus als wäre er gerade erst angelegt worden … … es gibt keine Fußspuren auf dem Pfad, du gehst ihn zum ersten Mal … … Er windet sich zwischen den alten und hohen Bäumen hindurch, bahnt sich einen eleganten und bequemen Weg durch den dichten dunklen Wald … … Du gehst weiter auf dem neuen Pfad … … Am Rand des

Weges liegt ein altes, graues Buch … … verstaubt und abgenutzt … …
Du bleibst stehen, um das alte graue Buch aufzuheben … … Du wischst
den Staub vom Einband und kannst den Titel des Buches lesen … …
Buch der Disziplin … … Sofort wird dir klar, dass du sehr lange nach den
Regeln dieses Buches gelebt und gearbeitet hast … … Du hattest lange
erfüllt und erfüllt und erfüllt … … Disziplin gehalten, auch dann, wenn
du längst Pause gebraucht und verdient hattest … … Du blätterst in dem
Buch, doch du kannst darin keine Schrift mehr lesen … … es ist so alt,
dass die Buchstaben und Wörter längst verwaschen und ausgebleicht
sind … … Du kannst nicht mehr erkennen, was darin stand … … Es ist
auch nicht mehr wichtig, denn es ist Zeit, das alte Buch wegzulegen …
… Dann schlägst du das Buch kräftig zu und in deinen Händen zerfällt
es zu grauem Staub, der zwischen deinen Fingern hindurch fällt … …
Du kannst dabei zusehen, wie die Staubkörner in Zeitlupe zu Boden
fallen … … als wäre die Zeit langsamer geworden … … und gleichzeitig
kommt ein warmer Wind auf, der durch den Wald der Gedanken fegt …
… Vom Wind ergriffen werden die Staubkörner des zerfallenen Buches
der Disziplin in den Wald hinein getragen … … Du schaust den schwe-
benden Staubkörnern hinterher, die anfangen golden zu funkeln … …
Aus den grauen Staubpartikeln werden kleine goldene Körner, die der
Wind über das Land der Träume trägt … … aus ihnen wird Gutes entstehen, denn auch aus den schweren Zeiten und Erlebnissen lernen wir
… … Du gehst weiter, folgst dem neuen Pfad durch den Wald deiner
Gedanken, der zum Wald deiner Gefühle wird … … Mit jedem Schritt
auf dem neuen Weg spürst du deine tiefen Gefühle besser … … die an-
genehmen und schönen … … und auch die unangenehmen oder
schmerzhaften … … denn alle Gefühle, die wirklich deine eigenen sind,
helfen dir … … Solange du deine Gefühle unverstellt spüren kannst,
gehst du immer auf dem neuen Weg, der dich leitet … … so wie hier im
Land der Träume … … genau so wie hier … … Der neue Pfad führt dich
zum Rand des Waldes … … Du gehst aus dem Wald und schaust in den
Himmel … … und überall siehst du kleine goldene Punkte funkeln … …
wie tausend kleine Sterne, die du bei Sonnenlicht sehen kannst … …

Schritt in die Gegenwart. Du kommst zum Fluss des Lebens, hörst das
Wasser fließen … … Du gehst am Ufer entlang und findest eine goldene

Zugbrücke ... ... die Brücke der inneren Freiheit, die nur dann herab gelassen wird und den Übergang ermöglicht, wenn die richtige Zeit gekommen ist, um aus der Vergangenheit heraus in die Gegenwart zu gehen ... ... in die einzige Zeit, die es wirklich gibt ... ... denn Gegenwart ist die einzige Zeit, die du gestalten kannst ... ... Vergangenheit ist nur eine Erinnerung ... ... Zukunft wird zur Gegenwart in der nächsten Sekunde ... ... Die Brücke senkt sich und legt sich über den Fluss des Lebens ... ... Sie gibt den Weg frei, den du jetzt gehen kannst ... ... Du gehst jetzt über die goldene Zugbrücke der inneren Freiheit und kommst auf der anderen Seite an ... ... im Augenblick der Gegenwart ... ...

Kreative Neuausrichtung. Du stehst auf einer Blumenwiese und spürst die wärmenden Strahlen der Sonne auf deiner Haut ... ... Du schaust nach oben ... ... Die Sonne glänzt golden, denn sie besteht aus purem Gold ... ... Du machst es dir bequem auf der Wiese, setzt oder legst dich hin, ganz wie du willst ... ... und die tiefe Kraft des goldenen Sonnenlichtes geht dir bis tief unter die Haut ... ... Du spürst in dir die Erneuerung und Erholung ... ... spürst die tiefe Lebenskraft in dir ... ... die Schöpfung, von der du ein Teil bist ... ... Du atmest tief ein und aus und deine alte Kraft kommt mit jedem Atemzug zurück zu dir ... ... mit jedem Atemzug spürst du, dass du deine eigene Kraft wieder aufbauen kannst, weil du das graue Buch der Disziplin tatsächlich in fruchtbare goldene Körner verwandelt hast, die dir helfen, gut auf dich und deine Kraft aufzupassen ... ... dir selbst zu erlauben, nicht perfekt zu sein und dennoch liebenswert und gut ... ... Du schaust in die Ferne und siehst überall die kleinen goldenen Körner zu Boden fallen und aus einigen entstehen schon kleine Triebe von neuen Pflanzen ... ...

Selbstversöhnung. Dann hörst du Kinderstimmen und schaust dich um ... ... Die Gruppe der glücklichen Kinder läuft dir entgegen ... ... Jedes von ihnen trägt einen roten Eimer mit sich und in den Eimern ist frisches und klares Wasser ... ... Sie gießen damit so viele Goldkörner wie möglich, damit die neuen goldenen Pflanzen besser und schöner wachsen können ... ... Sie singen und tanzen dabei, denn diese Arbeit macht ihnen Freude ... ... und sie arbeiten nur bis die Eimer geleert sind, denn dann ist längst schon genug für heute getan ... ... Sie kommen wieder und bringen erneut frisches Wasser für dein neues inneres Wachstum ... ... morgen und übermorgen ... ... und an jedem Tag deines Lebens ... ... Doch heute laufen sie zum Horizont, deiner Zukunft entgegen ... ... Du gehst gemütlich ein paar Schritte hinterher und beobachtest die Kinder, die so leicht und unbeschwert laufen ... ...

Achtsamkeit und Selbsttreue. Dann findest du einen schönen Platz auf der Blumenwiese ... ... unter einem großen Baum, der dir Schatten spendet und seine langen Äste wie schützende Arme über dir ausbreitet ... ... Seine Blätter bilden ein Dach, unter dem du beschützt liegen kannst ... ... Eine rote Wolldecke liegt hier für dich, eine ganz weiche und bequeme Decke ... ... Du legst dich also hin und machst es dir bequem, um alle Eindrücke deiner heutigen Reise ganz tief wirken zu lassen ... ... Du schließt die Augen und versinkst in deinen Träumen ... ... Du träumst von den glücklichen Kindern, die so leicht und fröhlich zum Horizont tanzen ... ... und deine Seele tanzt mit ihnen dorthin, um selbst ein glückliches Kind zu sein ... ... gleichzeitig erwachsen und Kind ... ... einig und eins mit dir selbst ... ... Dann denkst du noch einmal darüber nach, dass das Land der Träume ganz tief in dir drin ist ... ... Dort war es schon immer ... ... Ich erzähle dir nur davon ... ...

[Nun erlaube dir noch eine Weile der Ruhe und Erholung. Spüre deinen Körper, der deine Emotionen spiegelt. Wenn dein Körper sich ruhig und entspannt anfühlt, dann hast du innere Ruhe gefunden. Mit Achtsamkeit und Respekt vor dir selbst kannst du die Empfindungen deines Körpers wahrnehmen und einfach nur da sein. Im Augenblick der Gegenwart verweilen und die Stille des Augenblicks genießen. Und in der Stille kannst du dich darauf einstellen, wieder wach und aktiv zu werden und deine Augen zu öffnen, denn du bist bereits wach.]

Trauerbewältigung
Erste Sitzung (Grundversion)

[Ein Mensch ist gestorben. Sicherlich hast du schon einmal den Tod ei-
nes Menschen erlebt, hast getrauert. Doch diesmal ist es anders. Du hast
das Gefühl, dass dir der Boden unter den Füßen weggerissen wurde, dass
du nicht mehr zurecht kommst. Es fühlt sich so an, als wäre dein eigenes
Leben zu Ende gegangen. Und tatsächlich hat der Tod eines Menschen
auch mit dem eigenen Ende zu tun. Nicht dein Leben ist beendet, doch
ein besonderer Abschnitt deines Lebens hier auf Erden. Und gleichzeitig
wird dir die eigene Vergänglichkeit klar. Der Tod lässt uns über das ei-
gene Leben nachdenken. Unsre Tränen sind dann Tränen der Trauer
über den Verlust eines Menschen, gleichzeitig sind auch die Tränen frü-
herer Verluste in uns. Denn alles, was wir schmerzhaft verloren haben
oder auch niemals hatten, meldet sich als innerer Schmerz in dieser Situ-
ation. Vielleicht hat uns in der Kindheit manchmal jemand gefehlt, der
uns gesagt hat, dass wir liebenswert und wertvoll sind. Oder wir haben
in der Jugend oder im Erwachsenenleben Zeiten der Einsamkeit erlebt.
Es war dann niemand da, der unsere Gefühle hören konnte oder wollte.
So ist Trauer entstanden, Trauer um unsere eigenen Gefühle, die nicht
gesehen wurden und mit denen wir alleine waren. Viele traurige Gefühle
melden sich in uns, wenn wir einen Menschen vermissen, der gestorben
ist. Es soll also um beides gehen, um Abschied von dem verstorbenen
Menschen und um Abschied von der Trauer, die früheren Ereignissen
angehört.]

Ankommen im Land der Träume. Du stellst dich auf eine ganz besondere
Reise ein … … eine Reise in der Fantasie, die viel wirklicher sein kann
als eine Reise in deinem Alltag … … denn nur in deiner Fantasie, in deinen bildhaften Gedanken, findest du deine wahren Gefühle … … die
Emotionen, die ganz tief in dir liegen … … die dir helfen, Neues in deinem Leben entstehen zu lassen … … Altes zu beenden und einen kreativen neuen Weg zu gehen … … Jede Lösung liegt tief in dir … … jede
Möglichkeit und jedes Potenzial der Welt … … Du findest alles, was du
brauchst, in einem Land, das in weiter Ferne liegen kann und gleichzeitig ganz nah sein kann … … In dieses Land gelangst du mit dem Wind

deines Atems, der dich sanft und sorgsam trägt … … Ein Teil von dir kann deinen Körper verlassen, um diese Reise durch Raum und Zeit anzutreten … … Doch immer führt diese Reise zu dir … … diese Reise in das Land der Träume … …

Der heilsame Weg. Das Land der Träume ist ein ganz besonderer Ort … … hier ist all das möglich, was in der Fantasie möglich ist und jede schöne Fantasie kann Wahrheit werden … … Das Land der Träume hilft dir beim Überwinden deiner Trauer … … Wir können Trauer nicht einfach verdrängen oder auflösen … … Sie ist wichtig, denn sie zeigt uns, dass es eine schmerzhafte Veränderung in unserem Leben gibt … … Doch auch diese Veränderung kannst du aushalten … … Du kannst mit ihr umgehen, deine Trauer ausleben bis es sich wieder leichter anfühlt in dir … … und dann wieder nach vorne schauen und dein Leben weiter leben … … Vielleicht fühlt es sich jetzt noch so an, als wäre auch dein Leben zu Ende … … doch du lebst weiter und dieses Ende ist nur das Ende eines Abschnittes … … Nun beginnt ein neuer Anschnitt und bei dem Übergang hilft dir das Land der Träume … … Tief in deinen Gedanken findest du die Farbe Grau, die du auch in der Natur der Traumlandschaften finden kannst … … Grau erinnert dich an das Beschwerliche in deinem Leben … … an die Hindernisse, die du einst überwunden hast … … an alles, was schmerzhaft war oder ist … … an alle Belastungen, die es gab und gibt … … In der Natur findest du das Grau in brüchigen Steinen, im Geröll, das darauf wartet, im Wind der Zeit zu zerfallen oder weggeräumt zu werden … … Das Grau wird vor allem von der Farbe Weiß aufgelöst, denn Weiß ist die Farbe der Reinheit und Klarheit … … Klarheit deiner Gefühle kann jedes beschwerliche Grau auflösen, denn es sind nicht die schmerzhaften Ereignisse des Lebens, die uns dauerhaft belasten, sondern die Unklarheit unserer Gefühle … … Du kennst das taumeln der Gefühle, das Aufeinanderprallen und das Durchmischen so vieler Gefühle … … oftmals sind auch mehrere Gefühle gleichzeitig in uns, die sich widersprechen oder gar bekämpfen … … und manchmal wissen wir nicht einmal, was wir eigentlich fühlen … … Vielleicht ist das gerade so bei dir, weil der Tod eines lieben Menschen dich beschäftigt … … Die Farbe Weiß zeigt sich im Land der Träume in den weißen Wolken und im Licht der Kerzen und selbst in dem weiß leuchtenden Regenbogen … … Das weiße Leuchten erinnert dich daran, dass die grauen Schatten der Vergangenheit durch Klarheit der eigenen Gefühle aufgelöst werden können … … Viele Gefühle, die sich jetzt in dir melden, vor allem Schuldgefühle und schlechtes Gewissen, sind bei genauer Betrachtung antrainierte Gefühle, weil auch du zu den Menschen gehörst, die als Kind gelernt haben, welche Gefühle erwünscht sind und welche nicht … … So hast du oft auch Gefühle übernommen, die eigentlich nicht deine eigenen waren … … So ist es gekommen, dass dich auch Gefühle plagen können, die nicht wirklich deinem tiefen Gefühl entsprechen … … Das Land der Träume erzählt dir die Geschichte der verlorenen Gefühle, die du wiederfinden kannst … … Sie helfen dir, auch in der Trauer zu fühlen, was du wirklich tief in dir fühlst … … Trauer ist in dir, doch Schuldgefühle, die du spürst, sind als geliehene Gefühle in dir … … Du hast Schuldgefühle nur gelernt … … Die Farbe Weiß hilft dir dabei, deine wahren Gefühle immer deutlicher zu erkennen … … Dann gibt es die Farbe Goldgelb, die für das Erkennen und Verstehen steht, für die Lernprozesse in unserem Leben … … Sie zeigt sich in den goldgelben Kornfeldern, in der Farbe der Sonne und der Sonnenblumen und im goldgelben Sand … … Die Farbe Goldgelb erinnert dich daran, dass jedes Ereignis des Lebens tief in dir konstruktiv verarbeitet wird, denn aus jeder Situation des Lebens kann Fortschritt und Erkenntnis entstehen … … Von Natur aus ist alles so angelegt, dass wir aus jeder Situation lernen können … … auch schlimme Ereignisse können wir überwinden … … Wir hängen jedoch oft an der Vergangenheit, manchmal mit Zorn, weil wir über erlittenes Unrecht nachdenken … … Doch es sind nicht die Ereignisse, die wir nicht loslassen können, sondern es ist der Wunsch nach Wiedergutmachung oder danach, dass alles doch anders gewesen sein möge … … Wir können jedoch kein Ereignis unseres Lebens ungeschehen machen, alles war so, wie es war … … Wir können unsere Lebensgeschichte jedoch annehmen … … eine andere haben wir nicht … … Die Farbe Hellblau zeigt uns im Land der Träume, dass wir die eigene Geschichte, auch die Geschichte der verlorenen Gefühle annehmen können … … eine andere haben wir nicht … … gleichzeitig können wir liebevoll den Wunsch nach Wiedergutmachung loslassen … … Das Hellblau begegnet dir in der Farbe des Himmels, in den Blüten der Vergissmeinnicht und im Glänzen des Wassers im Sonnenlicht … …

Solange wir leben gibt es Hoffnung auf eine konstruktive Zukunft ... ...
Es gibt immer den Silberstreifen am Horizont ... ... Die Farbe Silber ist
die Farbe der konstruktiven Zukunft im Land der Träume ... ... In der
Natur kommt Silber nur selten vor, doch im Land der Träume, das ein
Land der Gefühle und Stimmungen ist, kann dir alles silbern erscheinen
und dich daran erinnern, dass auch aus der Trauer heraus eine konstruktive Zeit der Erneuerung entstehen kann ... ... Das silberne Licht des
Mondes kann dich daran erinnern, der silberne Streifen am Horizont
und die silbernen Spiegel, die dir Einblick in eine konstruktive und
schöne Zukunft ermöglichen ... ... In der Trauer melden sich alte und
unwirkliche Gefühle der Schuld und Versäumnis ... ... Dann machst du
dir Vorwürfe, die du im Land der Träume überwinden kannst ... ... Ein
Weg hierzu besteht darin, dich selbst anzunehmen, vielleicht sogar dich
selbst lieben zu können ... ... so als würdest du dir selbst rote Rosen
schenken, die Blumen der Liebe ... ... Die Farbe Rot ist die Farbe der
Liebe, die dir im Land der Träume in den Pflanzen begegnen kann ... ...
Rote Blumen erinnern dich an die Liebe ... ... an die Liebe, die du in
deinem Leben erfahren hast und auch an die Liebe, die du vielleicht
manchmal vermisst hast ... ... Doch das Traumland erinnert dich auch
an die hilfreiche und an die immer erlaubte Selbstliebe ... ... an die Liebe
von dir für dich ... ... Liebe von dir für dich ... ... Vielleicht hast du mit
dem Tod eines geliebten Menschen eine große Liebe in deinem Leben
verloren ... ... Du spürst deine Liebe für diesen Menschen immer noch
und vielleicht auch seine Liebe für dich, doch es hat sich etwas verändert
... ... Der gemeinsame Weg auf Erden ist zu Ende und damit auch der
Austausch von Liebe in Worten und Taten ... ... Doch es kommt auch
weiterhin auf das Gefühl tief in dir an ... ... Im Land der Träume zählen
nur die Gefühle ... ... und eines davon ist die Selbstliebe ... ... daran
erinnert dich die Farbe Rot ... ... Und schließlich gibt es die Farbe Gold
als wertvollste aller Farben ... ... Gold steht für die unzerstörbare Kraft
des Lebens, für die Schöpfungskraft, die in uns allen liegt ... ... Auch in
dir liegt die tiefe Kraft des Lebens ... ... Im Land der Träume zeigt dir
die Farbe Gold immer einen besonderen Augenblick an ... ... den besonderen Augenblick des Ablösens aus der Vergangenheit und des An-
nehmens der Gegenwart als einzige Zeit, die es wirklich gibt ... ... Vergangenheit ist vorüber ... ... wir können sie nicht mehr beeinflussen,

nicht mehr ändern … … Oftmals wünschen wir uns eine Veränderung, hadern mit dem, was geschehen ist … … Aus allen Ereignissen können wir lernen, auch lernen, uns zu schützen und Grenzen zu ziehen … … manchmal müssen es sogar sehr massive Grenzen sein, um Angriffe abzuwehren … … Doch das geht immer nur in der Gegenwart … … Schlimme Ereignisse von früher, auch Angriffe und Übergriffe, können wir nicht im Nachhinein ändern … … auch eigene Versäumnisse können wir nicht mehr ändern … … Vielleicht können wir Lücken schließen, die wir früher offen gelassen haben, doch wir können nicht mehr ändern, dass diese offen standen … … Das können wir aber hinnehmen und annehmen … … und damit in die Zeit der Gegenwart gehen … … In der Gegenwart können wir dafür sorgen, so zu handeln, dass die schlimmen Ereignisse der Vergangenheit oder auch Versäumnisse nicht mehr vorkommen … … Auch das wird uns nicht immer gelingen … … Die Farben des Traumlandes helfen uns dabei, uns selbst auch als unvollkommen anzunehmen und auch zu erkennen, dass wir nicht alles in unserem leben selbst steuern können … …

Emotionale Verankerung und Motivation. Das Land der Träume ist ein Land tief in dir selbst … … Es ist ein Land der Gefühle und Stimmungen … … Du kannst es in Naturbildern erleben oder einfach nur als Gefühl … … Du kannst hier auch deine Trauer verarbeiten und schließlich überwinden … … Dazu hast du heute die helfenden Farben kennen gelernt … … Nun kannst du das Traumland erkunden … … und dabei immer dich selbst finden … … Du machst dir also noch einmal klar, dass das Land der Träume ganz tief in dir drin ist … … Dort war es schon immer … … Ich erzähle dir nur davon … …

[Nun erlaube dir noch eine Weile der Ruhe und Erholung. Spüre deinen Körper, der deine Emotionen spiegelt. Wenn dein Körper sich ruhig und entspannt anfühlt, dann hast du innere Ruhe gefunden. Mit Achtsamkeit und Respekt vor dir selbst kannst du die Empfindungen deines Körpers wahrnehmen und einfach nur da sein. Im Augenblick der Gegenwart verweilen und die Stille des Augenblicks genießen. Und in der Stille kannst du dich darauf einstellen, wieder wach und aktiv zu werden und deine Augen zu öffnen, denn du bist bereits wach.]

Trauerbewältigung

Zweite Sitzung (Vergangenheitsbewältigung)

[Wenn ein Mensch stirbt, dann blicken wir zurück. Die gemeinsame Vergangenheit fällt uns ein, all das, was wir gemeinsam mit dieser Person erlebt haben, auch das, was nicht mehr möglich war. Vielleicht haben wir manches verpasst oder nicht gemeinsam geschafft, was wir uns vorgenommen haben, anderes ist gelungen und war so schön und wichtig von uns, dass die Erinnerung daran in uns weiter lebt. Du hast viele Erinnerungen an Gemeinsamkeiten und an die Erlebnisse und Ereignisse, die euch miteinander verbunden haben. Vielleicht gehörten auch Auseinandersetzungen und Streit dazu. Auch das, was uns im Streit entzweit, hält uns in der Erinnerung zusammen. Das Zurückblicken und Erinnern gehört zur Trauer. Es ist wichtig, noch einmal die gemeinsame Zeit zu betrachten, denn nur so können wir die Zeit des Trauerns konstruktiv nutzen, um nach der Trauer wieder nach vorne zu schauen und wieder Fröhlichkeit zu entwickeln. Heute kannst du im Land der Träume einen Blick in die gemeinsame Vergangenheit werfen, um noch einmal das gemeinsam Erlebte in Bildern und Stimmungen aufleben zu lassen und dann in deine Gegenwart zu gehen, in die Zeit, die du gestalten kannst, um weiter zu leben.]

Ankommen im Land der Träume. Du stellst dich auf eine ganz besondere Reise ein … … eine Reise in der Fantasie, die viel wirklicher sein kann als eine Reise in deinem Alltag … … denn nur in deiner Fantasie, in deinen bildhaften Gedanken, findest du deine wahren Gefühle … … die Emotionen, die ganz tief in dir liegen … … die dir helfen, Neues in deinem Leben entstehen zu lassen … … Altes zu beenden und einen kreativen neuen Weg zu gehen … … Jede Lösung liegt tief in dir … … jede Möglichkeit und jedes Potenzial der Welt … … Du findest alles, was du brauchst, in einem Land, das in weiter Ferne liegen kann und gleichzeitig ganz nah sein kann … … In dieses Land gelangst du mit dem Wind deines Atems, der dich sanft und sorgsam trägt … … Ein Teil von dir kann deinen Körper verlassen, um diese Reise durch Raum und Zeit anzutreten … … Doch immer führt diese Reise zu dir … … diese Reise in das Land der Träume … …

Distanzierung vom Bewussten. Du stehst auf einem breiten Weg im Land der Träume und gehst zu Fuß ein paar Schritte ... ... Du bewegst dich durch die unberührte Natur, hörst das Plätschern eines kleinen Baches und das Zwitschern der Vögel ... ... Hier im Land der Träume ist alles so, wie es einst erschaffen wurde ... ... Hier kannst du deiner eigenen Natur begegnen, dich selbst immer wieder finden ... ... Dein Weg führt tief in das Land hinein und mit jedem einzelnen Schritt tauchst du tiefer in die Bilder der Natur ein ... ... Der Himmel über dir ist hellblau und die Sonne scheint ... ... doch wenn du willst, kann es auch regnen oder stürmen im Land deiner Träume, denn hier folgt alles deinem Gefühl und deiner inneren Vorstellung ... ... deiner Kreativität und Fantasie ... ... Schritt für Schritt gehst du auf dem breiten Weg ... ...

Bewusstseinsreinigung. Du kommst zu einem weißen Regenbogen ... ... Er leuchtet in reinem Weiß ... ... Du gehst ganz nah heran und stellst dich direkt unter diesen besonderen, weißen Regenbogen ... ... unter dem Regenbogen wirst du ganz und gar von dem weißen Licht erfasst, das alles andere überstrahlt ... ... Das weiße Licht des Regenbogens erfasst deinen Körper, der selbst anfängt, weiß zu leuchten ... ... Deine Hände strahlen weißes Licht aus, als wäre die Kraft des Regenbogens tief in dir ... ... Deine Arme fangen an zu leuchten und auch dein Oberkörper und deine Beine ... ... Dein ganzer Körper ist durchdrungen von weißem Licht ... ... und tief in dir spürst du die tiefe Kraft des reinen Lichtes ... ... sauber und klar ... ... und mit einem starken Schritt gehst du unter dem weißen Regenbogen hindurch ... ...

Konfrontation und Klärung. Du stehst am Rand eines wunderschönen Gartens, dessen Farbenpracht und Duft dich einlädt ... ... Du siehst strahlende Blumen und alte, ehrwürdige Bäume, die ihre langen Äste wie schützende Arme über die Pflanzen des Gartens strecken ... ... Es ist der Garten des einen Augenblicks, der im Land der Träume so genannt wird, weil du im richtigen Augenblick etwas Besonderes ihm erleben kannst ... ... vielleicht ist ja gerade jetzt dieser besondere Augenblick ... ... ein Augenblick, der etwas besonderes ermöglicht ... ... Du gehst in den Garten ... ... Dein Weg führt über einen kleinen Pfad aus goldgelbem Sand, ganz tief in den Garten hinein ... ... Du hast einen lieben

Menschen verloren *[am besten ganz konkret: deinen Mann ... deine Frau ... ... deinen Sohn Johannes etc.]* ... ... und deine Trauer ist so schmerzhaft geworden, dass du befürchtest, sie nicht mehr überwinden zu können ... ... Im Garten des einen Augenblicks kannst du noch einmal die gemeinsame Vergangenheit betrachten, um dann Abschied nehmen zu können ... ... ein Abschied nur in der Welt deines Alltages ... ... Im Land der Träume leben alle Menschen weiter ... ... und in der jenseitigen Welt triffst du *ihn/sie* auch wieder ... ... noch nicht heute, doch eines Tages ... ... Du erblickst eine hölzerne Bank, auf der ein Buch liegt ... ... Du gehst zu der Bank und setzt dich hin, ruhst dich aus von den Anstrengungen deiner Trauer und Einsamkeit ... ... Du nimmst das große Buch in die Hände und dann fällt dir auf, dass es ein Fotoalbum ist, das so aussieht wie die Alben früher waren, mit echten Fotos darin ... ... Du schlägst es auf und siehst Fotos von euch beiden, von der verstorbene Person *[von deinem Mann, von deiner Frau, von Johannes ...]* ... ... Du erinnerst dich, indem du in dem Album blätterst ... ... Du findest Fotos aus eurer Anfangszeit, als ihr euch in diesem Leben zum ersten Mal begegnet seid ... ... und mit den Fotos kommen die Erinnerungen und Gefühle der damaligen Zeit ... ... Du siehst Fotos aus schönen Tagen, ganz viele Bilder, die dir Freude und Ausgelassenheit zeigen, denn es war eine Bereicherung, dass ihr gemeinsam leben durftet ... ... Du lässt die Gefühle noch einmal da sein ... ... wenn die alte Zeit auch vergangen ist, die schönen Gefühle leben in dir weiter und helfen dir, die Zeit des Trauerns durchzustehen und wieder fröhlicher zu sein, wenn sie vorbei sein wird ... ... Dann findest du Fotos, die auch schwere Zeiten zeigen ... ... Du erinnerst dich an beschwerliche Momente ... ... an Herausforderungen und Hürden, die ihr gemeinsam gemeistert habt ... ... und mit den Bildern kommen die Erinnerungen und Gefühle dieser Zeit zurück ... ... Manches habt ihr beiden gemeinsam auf- und abgebaut ... ... vielleicht auch Schwierigkeiten miteinander gehabt ... ... Streit oder Auseinandersetzungen, die euch belastet haben ... ... vielleicht sogar zeitweise voneinander entfernt haben ... ... wenn die alte Zeit auch vergangen ist, die anstrengenden Gefühle leben in dir weiter und auch diese helfen dir, die Zeit des Trauerns durchzustehen und wieder fröhlicher zu sein, wenn sie vorbei sein wird ... ... den alle Gefühle, die du jemals in deinem Leben hattest, helfen dir, dich selbst zu spüren und zu lernen ... ... Du blätterst weiter und schließlich findest du Bilder, die dir eine Zeit zeigen, die ihr nicht mehr miteinander erreicht habt in diesem Leben … … Doch die Bilder zeigen dir, wie es gewesen wäre, wenn ihr die Ziele, die ihr noch hattet, doch erreicht hättet … … Vielleicht gab es Pläne, die ihr noch hattet oder ihr wolltet noch manche Orte besuchen oder etwas gemeinsam machen oder erleben, das nun nicht mehr möglich ist … … Doch im Land der Träume gibt es schon Bilder davon und du kannst sie anschauen … … Damit entsteht dann auch das schöne Gefühl, die gemeinsamen Ziele doch erreicht zu haben … … Du tauchst ganz in dein momentanes Gefühl ein … …

Schritt in die Gegenwart. Plötzlich erscheint vor dir ein goldener Vorhang, der sich langsam öffnet … … Der Vorhang der inneren Freiheit, der aus purem Gold besteht und sich nur dann zeigt, wenn die Zeit gekommen ist, endlich hindurch zu gehen und frei zu sein … … Goldenes Licht strahlt dir durch den geöffneten Vorhang entgegen … … Mit einem Schritt durch den goldenen Vorhang der inneren Freiheit kannst du aus allen Erinnerungen und Träumen heraus in die Gegenwart gehen und frei sein … … in der Zeit, die jetzt auf dich wartet … … Und mit einem großen Schritt gehst du durch den geöffneten goldenen Vorhang der inneren Freiheit und kommst im Augenblick der Gegenwart an … …

Kreative Neuausrichtung. Du stehst auf einer schönen Blumenwiese, auf einer Hochebene im Land der Träume … … von hier aus kannst du weit über das Land der Träume blicken, kannst Berge und Täler erkennen, Wiesen und Wälder, Flüsse und Seen … … Alles sieht ruhig und friedlich aus und die Natur lebt auf … … Dann fällt dir ein, dass das Land der Träume immer ein Abbild deiner eigenen Gefühle ist … … Die blühende Natur, die Schönheit der Weite und das Wachsen und Erneuern im Land der Träume ist wie dein inneres Wachstum, dein inneres Aufblühen nach der Zeit des Trauerns, die wichtig ist … … Du siehst am Horizont den Silberstreifen, der dir zeigt, dass du nach der Trauer wieder Fröhlichkeit finden wirst … … Du erlaubst dir selbst, solange zu trauern und zu weinen, bis du von selbst damit aufhörst, weil es keinen Tränen mehr zu weinen gibt … …

Selbstversöhnung. Dann fängt es an zu regnen ... ... Salzige Tropfen fallen vom Himmel, die wie deine eigenen Tränen schmecken ... ... und im Wind hörst du die Stimme eines Kindes ... ... Du schaust dich um und entdeckst dieses Kind, das du zu kennen glaubst ... ... Es kommt näher und dir fällt auf, dass es so aussieht wie du selbst als Kind ausgesehen hast ... ... Auch dieses Kind weint vor Trauer, auch das Kind in dir hat diesen Menschen verloren ... ... Doch es hat noch mehr verloren und weint um alles, was nicht sein konnte in seinem Leben ... ... Es weint die vielen Tränen, die im Lauf der Jahre ungeweint geblieben sind ... ... Doch es scheint auch glücklich zu sein, glücklich, dass es die befreienden Tränen endlich weinen darf ... ... Das innere Kind im Land der Träume begleitet dich ... ...

Achtsamkeit und Selbsttreue. Dann gehst du über die Blumenwiese und findest ein Feld mit roten Rosen, die keine Dornen haben ... ... Du gehst durch das Feld und siehst überall das rote Leuchten der wunderschönen Rosen ... ... Früher haben dich häufig Dornen gestochen und angetrieben, doch heute gibt es keine Dornen mehr ... ... Die Rosen erinnern dich an die Liebe und an die Selbstliebe ... ... an die Liebe für den verstorbenen Menschen und an die Liebe von dir für dich ... ... und je mehr du über die Liebe nachdenkst, desto kräftiger leuchten die roten Rosen ... ... Die Selbstliebe ermöglicht dir das Überwinden der Trauer und erlaubt dir, glücklich weiter zu leben ... ... Du fängst an zu lächeln und dann wird dein Lächeln zu einem lauten und herzhaften Lachen, das durch das Land der Träume hallt ... ... Dann machst du dir noch einmal klar, dass das Land der Träume ganz tief in dir drin ist ... ... Dort war es schon immer ... ... Ich erzähle dir nur davon ... ...

[Nun erlaube dir noch eine Weile der Ruhe und Erholung. Spüre deinen Körper, der deine Emotionen spiegelt. Wenn dein Körper sich ruhig und entspannt anfühlt, dann hast du innere Ruhe gefunden. Mit Achtsamkeit und Respekt vor dir selbst kannst du die Empfindungen deines Körpers wahrnehmen und einfach nur da sein. Im Augenblick der Gegenwart verweilen und die Stille des Augenblicks genießen. Und in der Stille kannst du dich darauf einstellen, wieder wach und aktiv zu werden und deine Augen zu öffnen, denn du bist bereits wach.]

Trauerbewältigung

Dritte Sitzung (Loslassen der Schuldgefühle)

*[Wenn ein Mensch von uns geht, fallen uns ganz viele unausgesproche-
ne Worte ein, unerledigte Dinge. Wir denken darüber nach, ob es Versäumnisse gab und überlegen uns, was wir früher hätten tun oder sagen
können. Dann meldet sich auch schnell unser schlechtes Gewissen und
wir fühlen uns schuldig für das, was nicht sein konnte. Doch was auch
immer wir vorher erledigt hätten, selbst wenn gar nichts jemals liegen
geblieben wäre, es würde uns dennoch nicht anders ergehen. Du kennst
das und über diese Dinge nachzudenken ist menschlich. Gleichzeitig
kommt es darauf an, zu erkennen, dass das schlechte Gewissen nicht nur
in tatsächlichen Versäumnissen entstanden ist, falls es die überhaupt
wirklich gibt, sondern schon früher geboren wurde. Schon als Kind hast
du gelernt, viel Verantwortung zu tragen, hast dich zuständig und verantwortlich für die Empfindungen anderer Menschen gefühlt. Das hat
dann dazu geführt, dass du alles, was in einer Beziehung unerledigt
geblieben ist oder unausgesprochen, auf deinen Schultern trägst. Gerade
so als wärest immer du oder nur du alleine dafür verantwortlich. Es ist
nun an der Zeit, diese alten Schuldgefühle loszulassen, so gut es heute
schon geht. Es ist nicht dein wahres Gefühl, das du da spürst, sondern
eines, das du schon früh gelernt hast zu empfinden.]*

Ankommen im Land der Träume. Du stellst dich auf eine ganz besondere
Reise ein … … eine Reise in der Fantasie, die viel wirklicher sein kann
als eine Reise in deinem Alltag … … denn nur in deiner Fantasie, in deinen bildhaften Gedanken, findest du deine wahren Gefühle … … die
Emotionen, die ganz tief in dir liegen … … die dir helfen, Neues in deinem Leben entstehen zu lassen … … Altes zu beenden und einen kreativen neuen Weg zu gehen … … Jede Lösung liegt tief in dir … … jede
Möglichkeit und jedes Potenzial der Welt … … Du findest alles, was du
brauchst, in einem Land, das in weiter Ferne liegen kann und gleichzeitig ganz nah sein kann … … In dieses Land gelangst du mit dem Wind
deines Atems, der dich sanft und sorgsam trägt … … Ein Teil von dir
kann deinen Körper verlassen, um diese Reise durch Raum und Zeit

anzutreten … … Doch immer führt diese Reise zu dir … … diese Reise in das Land der Träume … …

Distanzierung vom Bewussten. Du stehst hoch oben auf einem Berg und schaust über das Land, siehst Berge und Täler, Flüsse und Seen und alles ist ruhig … … Du genießt den Klang der Natur, den du im Plätschern des Wassers und im Singen der Vögel hörst … … Du beobachtest die kleinen weißen Wolken am hellblauen Himmel und lässt deine Gedanken mit ihnen in die Ferne ziehen … … Jetzt ist gar nichts wichtig, jetzt darfst du einfach einmal ausruhen und entspannen … … Deine Gedanken ziehen einfach weiter und du spürst die Ruhe des Traumlandes tief in dir und wirst genau so ruhig … …

Bewusstseinsreinigung. Du kommst zu einem weißen Regenbogen … … Er leuchtet in reinem Weiß … … Du gehst ganz nah heran und stellst dich direkt unter diesen besonderen, weißen Regenbogen … … unter dem Regenbogen wirst du ganz und gar von dem weißen Licht erfasst, das alles andere überstrahlt … … Das weiße Licht des Regenbogens erfasst deinen Körper, der selbst anfängt, weiß zu leuchten … … Deine Hände strahlen weißes Licht aus, als wäre die Kraft des Regenbogens tief in dir … … Deine Arme fangen an zu leuchten und auch dein Oberkörper und deine Beine … … Dein ganzer Körper ist durchdrungen von weißem Licht … … und tief in dir spürst du die tiefe Kraft des reinen Lichtes … … sauber und klar … … und mit einem starken Schritt gehst du unter dem weißen Regenbogen hindurch … …

Konfrontation und Klärung. Du kommst zu einem Fluss … … Du schaust auf das fließende Wasser, das immer in Bewegung ist und niemals stillstehen kann … … Auch du kannst innerlich niemals stillstehen, dein Weg geht weiter … … deine Entwicklung geht weiter … … dein Leben geht weiter … … Nur im Äußeren kannst du stehenbleiben für eine Weile, um danach wieder weiter zu gehen … … Du gehst am Ufer entlang und findest eine Feuerstelle mit einem brennenden Feuer … … Du setzt dich ans Feuer und findest ein Foto … … Das Foto zeigt dir etwas, das du dir nicht gut verzeihen kannst … … In jeder Beziehung gibt es Ereignisse und Handlungen, die wir bereuen, die wir lieber ungeschehen machen würden ... ... Du kennst das, kennst auch das schlechte Gewissen, weil du denkst, dass du Versäumnisse gehabt hättest ... ... Vielleicht denkst du, dass du manches hättest anders machen sollen oder dass du dich um einiges nicht ausreichend gekümmert hättest ... ... Du hast es schon früh in deinem Leben so gelernt ... ... immer alles gut zu erledigen, immer verantwortlich zu sein und dich zu kümmern ... ... So fühlst du dich bis heute verantwortlich für alles, was in der Beziehung und in dem Miteinander zu dem Menschen, der gestorben ist *[bitte auch hier konkret ansprechen um wen es geht]*, geschehen ist ... ... Doch du warst niemals schuldig ... ... Es ist an der Zeit, die alten Schuldgefühle loszulassen ... ... Sie konnten nur entstehen, weil du schon sehr früh gelernt hattest, verantwortlich zu sein ... ... vielleicht hast du schon als Kind viel Verantwortung getragen ... ... möglicherweise organisatorische Verantwortung für Haushalt, Geschwister oder für Eltern oder andere Menschen ... ... vor allem aber emotionale Verantwortung, weil du dachtest, du müsstest dich darum kümmern, dass es anderen Menschen gut geht ... ... Dabei hast du dich selbst dann vernachlässigt ... ... So konnte es kommen, dass du dich schuldig fühlst, wenn es anderen einmal nicht gut geht ... ... wahrscheinlich hast du dich auch in der Beziehung zu dem Verstorbenen *[bitte auch hier konkret ansprechen um wen es geht]* immer wieder dafür verantwortlich gefühlt, dass es *ihm/ihr* gut geht ... ... vielleicht seid ihr beiden euch auch gegenseitig so begegnet ... ... Jetzt ist s wichtig, dass du dich um dich selbst kümmerst, denn du lebst weiter und Schuldgefühle würden dich nur aufhalten ... ... Du betrachtest das Foto, das dir ein Bild deiner alten Schuldgefühle zeigt ... ... Es steht als Symbol dafür, dass du dich so oft in deinem Leben verantwortlich gefühlt hast, mehr als du es tatsächlich warst und bist ... ... Dann nimmst du dir vor, diese Schuldgefühle und das damit verbundene schlechte Gewissen loszulassen ... ... Du nimmst das Foto und wirfst es in die Flammen des Feuers am Flussufer ... ... Du siehst dabei zu, wie es verbrennt und mit ihm löst sich die alte Verbindung der viel zu hohen Verantwortung auf ... ... Du atmest tief aus und löst dich von dem schlechten Gewissen ... ... Einst konnte es nicht anders kommen als diese Schuldgefühle zu entwickeln, doch sie haben ausgedient ... ... Du brauchst sie nicht mehr ... ... Du willst frei sein ... ... Du darfst frei sein ... ... Dein Leben geht weiter und du nimmst dir ganz fest vor, dass es in

Freiheit weiter gehen soll … … Freiheit von Schuldgefühlen, die niemals deine wahren Gefühle waren … … Sie waren antrainiert, weil du es gewöhnt warst, die Verantwortung zu tragen … … Du stehst auf und gehst weiter am Ufer des Flusses entlang … …

Schritt in die Gegenwart. Plötzlich erscheint vor dir ein goldener Vorhang, der sich langsam öffnet … … Der Vorhang der inneren Freiheit, der aus purem Gold besteht und sich nur dann zeigt, wenn die Zeit gekommen ist, endlich hindurch zu gehen und frei zu sein … … Goldenes Licht strahlt dir durch den geöffneten Vorhang entgegen … … Mit einem Schritt durch den goldenen Vorhang der inneren Freiheit kannst du aus allen Erinnerungen und Träumen heraus in die Gegenwart gehen und frei sein … … in der Zeit, die jetzt auf dich wartet … … Und mit einem großen Schritt gehst du durch den geöffneten goldenen Vorhang der inneren Freiheit und kommst im Augenblick der Gegenwart an … …

Kreative Neuausrichtung. Du stehst auf einer Blumenwiese und atmest tief ein … … mit dem Einatmen spürst du die innere Freiheit, die mit jedem Atemzug größer wird … … Du schaust dich um und findest einen silbernen Spiegel, der auf der Wiese steht … … Du gehst ganz nah heran und schaust in den Spiegel, der wie ein Fenster zu einer anderen Zeit ist … … ein Fenster durch das du in die nahe Zukunft blicken kannst … … Du siehst dich selbst und kannst dir dabei zusehen, wie du mit neuer Fröhlichkeit und Neugier dein Leben gestaltest … … Du bewegst dich leicht und unbeschwert, weil du in dieser nahen Zukunft deine Trauer überwunden hast … … Trauer wird dann zur Erinnerung … … Dann siehst du dir im Spiegel dabei zu, wie du einen lange gehegten Wunsch Wahrheit werden lässt … … vielleicht eine Reise, die du schon lange machen wolltest oder ein Hobby, das du ausprobieren willst … … Du kannst und wirst wieder mit Freude und Zuversicht dein Leben aktiv gestalten … … heute schon oder morgen … … oder an jedem Tag … …

Selbstversöhnung. Dann siehst du das Kind, das so aussieht wie du, dein inneres Kind … … es kommt dir entgegen, begleitet von der Gruppe der glücklichen Kindern … … Dein inneres Kind schaut mit dir gemeinsam in den Spiegel und freut sich auf all die Dinge, die du noch unternehmen wirst, denn es wird selbst dabei sein ... ... tief in dir ... ... als Teil von dir, der dich immer begleitet ... ... Dann umarmt dich das Kind ganz fest ... ... Auch das Kind hat die Trauer erlebt ... ... auch das Kind vermisst die verstorbene Person *[bitte direkt ansprechen, wer das ist]* ... ... Und dann verabschiedet sich das innere Kind von dir ... ... Es will mit der Gruppe der glücklichen Kinder zum Horizont laufen ... ... denn am Horizont beginnt die Zukunft ... ... und Zukunft beginnt schon mit dem nächsten Wimpernschlag ... ... In den schönen Bildern des Spiegels werdet ihr euch wieder begegnen ... ... schon bald ... ... schon sehr bald ... ... zuerst hier im Land der Träume und dann auch in deinem wachen Alltag ... ...

Achtsamkeit und Selbsttreue. Dann gehst du über die Blumenwiese und findest ein Feld mit roten Rosen, die keine Dornen haben ... ... Du gehst durch das Feld und siehst überall das rote Leuchten der wunderschönen Rosen ... ... Früher haben dich häufig Dornen gestochen und angetrieben, doch heute gibt es keine Dornen mehr ... ... Die Rosen erinnern dich an die Liebe und an die Selbstliebe ... ... an die Liebe für den verstorbenen Menschen und an die Liebe von dir für dich ... ... und je mehr du über die Liebe nachdenkst, desto kräftiger leuchten die roten Rosen ... ... Die Selbstliebe ermöglicht dir das Überwinden der Trauer und erlaubt dir, glücklich weiter zu leben ... ... Du fängst an zu lächeln und dann wird dein Lächeln zu einem lauten und herzhaften Lachen, das durch das Land der Träume hallt ... ... Dann machst du dir noch einmal klar, dass das Land der Träume ganz tief in dir drin ist ... ... Dort war es schon immer ... ... Ich erzähle dir nur davon ... ...

[Nun erlaube dir noch eine Weile der Ruhe und Erholung. Spüre deinen Körper, der deine Emotionen spiegelt. Wenn dein Körper sich ruhig und entspannt anfühlt, dann hast du innere Ruhe gefunden. Mit Achtsamkeit und Respekt vor dir selbst kannst du die Empfindungen deines Körpers wahrnehmen und einfach nur da sein. Im Augenblick der Gegenwart verweilen und die Stille des Augenblicks genießen. Und in der Stille kannst du dich darauf einstellen, wieder wach und aktiv zu werden und deine Augen zu öffnen, denn du bist bereits wach.]

Trauerbewältigung
Vierte Sitzung (Verzicht auf Wiedergutmachung)

[Wenn ein Mensch stirbt, stellen wir uns vor, wie es sein könnte, wenn wir ihn noch einmal treffen könnten. Oft wünschen wir uns das und bedauern, dass es nicht mehr geht. Doch genau genommen geht es schon. Wir tun es in unsrer Fantasie bereits, wenn wir darüber nachdenken, wie es wäre. Ein Verstorbener braucht unsere Hilfe nicht mehr. Wir stellen uns solche Treffen vor allem deswegen vor, weil wir selbst es so brauchen. Weil wir selbst gerne noch etwas sagen möchten, oftmals um unser Gewissen zu erleichtern, um das Gefühl zu haben, etwas zu bereinigen oder abschließen zu können. Genau das ist dann auch möglich. Doch es genügt, den verstorbenen Menschen in der Fantasie zu treffen. Fantasie und Wirklichkeit sind dann das Gleiche, denn das Gefühl zu diesem Menschen stellt sich automatisch ein, wenn wir an ihn denken. Vielleicht glaubst du an ein Leben nach dem Tod, dann glaubst du auch daran, dass Verstorbene dich hören können, wenn du mit ihnen sprichst. Du kannst also heute im Land der Träume eine besondere Begegnung erfahren. Die Begegnung mit dem Menschen, der von dir gegangen ist. Vielleicht wirst du überrascht sein, wie real sich diese Begegnung im Land der Träume tatsächlich anfühlt; wie real sie tatsächlich ist.]

Ankommen im Land der Träume. Du stellst dich auf eine ganz besondere Reise ein … … eine Reise in der Fantasie, die viel wirklicher sein kann als eine Reise in deinem Alltag … … denn nur in deiner Fantasie, in deinen bildhaften Gedanken, findest du deine wahren Gefühle … … die Emotionen, die ganz tief in dir liegen … … die dir helfen, Neues in deinem Leben entstehen zu lassen … … Altes zu beenden und einen kreativen neuen Weg zu gehen … … Jede Lösung liegt tief in dir … … jede Möglichkeit und jedes Potenzial der Welt … … Du findest alles, was du brauchst, in einem Land, das in weiter Ferne liegen kann und gleichzeitig ganz nah sein kann … … In dieses Land gelangst du mit dem Wind deines Atems, der dich sanft und sorgsam trägt … … Ein Teil von dir kann deinen Körper verlassen, um diese Reise durch Raum und Zeit anzutreten … … Doch immer führt diese Reise zu dir … … diese Reise in das Land der Träume … …

Distanzierung vom Bewussten. Du hörst Wasser fließen und weißt, dass es der Fluss des Lebens ist, den du hören kannst ... ... Der Fluss des Lebens fließt immer weiter ... ... Du gehst dem Geräusch nach und kommst zum Ufer des Flusses ... ... Du gehst am Ufer entlang und schaust auf das klare und reine Wasser ... ... Bis auf den Boden des Flusses kannst du blicken, so sauber und rein ist das Wasser ... ... und mit deinem Blick in die Tiefe gehen auch deine Gedanken in die Tiefe ... ... gehst du selbst in die Tiefe der Entspannung und versinkst in deinem Gefühl ... ... Hellblaue Blütenblätter schwimmen auf dem Wasser, erst einige, dann immer mehr ... ... und auch die Blütenblätter sinken langsam in die Tiefe des Wassers ... ... Du schaust ihnen nach und gehst Schritt für Schritt am Ufer entlang ... ...

Bewusstseinsreinigung. Du kommst zu einem weißen Regenbogen ... ... Er leuchtet in reinem Weiß ... ... Du gehst ganz nah heran und stellst dich direkt unter diesen besonderen, weißen Regenbogen ... ... unter dem Regenbogen wirst du ganz und gar von dem weißen Licht erfasst, das alles andere überstrahlt ... ... Das weiße Licht des Regenbogens erfasst deinen Körper, der selbst anfängt, weiß zu leuchten ... ... Deine Hände strahlen weißes Licht aus, als wäre die Kraft des Regenbogens tief in dir ... ... Deine Arme fangen an zu leuchten und auch dein Oberkörper und deine Beine ... ... Dein ganzer Körper ist durchdrungen von weißem Licht ... ... und tief in dir spürst du die tiefe Kraft des reinen Lichtes ... ... sauber und klar ... ... und mit einem starken Schritt gehst du unter dem weißen Regenbogen hindurch ... ...

Konfrontation und Klärung. Du stehst immer noch am Flussufer und hörst das Wasser rauschen ... ... Es ist der Fluss des Lebens, der durch das Land der Träume fließt ... ... Du gehst am Ufer entlang und kommst zu einer breiten, goldenen Brücke, die auf die andere Seite führt ... ... Du schaust über die Brücke und kannst auf der anderen Seite des Flusses nur weißen Nebel erkennen ... ... ein dichter weißer Nebel ... ... und in dem Nebel erkennst du einen Schatten, der näher kommt ... ... Es ist ein Mensch, der sich durch den Nebel der Brücke nähert ... ... Du kennst diese Person ... ... Hier im Land der Träume kannst du ihr noch einmal begegnen ... ... Es ist der Mensch, der gestorben ist ... *[Bitte ganz konkret ansprechen ... dein verstorbener Mann etc. ...] ... Er/Sie* tritt aus dem Nebel heraus auf die goldene Brücke und kommt zu dir ... ... Vielleicht fallen dir jetzt wieder Dinge ein, die du noch tun wolltest oder die ihr beiden gemeinsam erleben wolltet ... ... Möglicherweise kommt auch wieder ein Teil des schlechten Gewissens zurück ... ... Dann erinnerst du dich daran, dass du nichts mehr tun kannst von alledem ... ... Es ist in diesem Leben nicht mehr möglich, das nachzuholen, was nicht sein konnte ... ... Du wünschst es dir vielleicht, doch so schmerzhaft es sein mag ... ... die Vergangenheit kannst du nicht mehr ändern, auch *er/sie* kann es nicht ... ... Niemand kann die Vergangenheit seines Lebens ändern ... ... Der Mensch, der nun bei dir ist, trifft dich hier um dir zu helfen, die Sehnsucht nach Veränderung des Vergangenen loszulassen und deine eigene Lebensgeschichte anzunehmen ... ... so wie sie war ... ... eine andere hast du nicht ... ... *Er/Sie* auch nicht ... ... Wir alle haben immer nur die Lebensgeschichte, die tatsächlich passiert ist ... ... Doch heute kannst du etwas tun, was im Land der Träume möglich ist ... ... heute kannst du dich verabschieden und Unausgesprochenes sagen, wenn du willst ... ...

> *... [Im nun folgenden Abschnitt bitte den Namen der verstorbenen Person nicht ansprechen, sondern die allgemeine Formulierung benutzen, die ich hier aufgeschrieben habe. Wenn wir sagen „Sprich mit dem Menschen, der nun bei dir ist", wird das auf doppelte Weise interpretiert. Einerseits hört der Klient, dass er mit der verstorbenen Person reden darf, andererseits hört er auch, dass er sich dem Therapeuten weiter öffnen darf.] ...*

Nimm dir also Zeit und sprich mit dem Menschen, der nun bei dir ist ... ... Mach es im Stillen, in der Welt deiner Fantasie im Land der Träume ... ... Sag das, was du gerne sagen möchtest ... ... was auch immer es sein mag ... ... Erzähle von deinen Gefühlen ... ... von deiner Trauer und Sehnsucht ... ... von deinen Schuldgefühlen und dem schlechten Gewissen und davon, dass du deine Schuldgefühle losgelassen hast und immer wieder loslassen wirst, wenn sie sich melden sollten ... ... Erzähle von der gemeinsamen Zeit ... ... Du wirst meine Stimme jetzt ein paar Minuten lang nicht mehr hören, damit du Zeit für dich selbst hast im

Land der Träume … … Sprich mit dem Menschen, der jetzt bei dir ist oder sei einfach nur dort … … *[Jetzt gefühlte zwei Minuten Pause machen, dann weiter lesen]* … …

… … Nun ist es Zeit Abschied zu nehmen … … für heute … … Im Land der Träume kannst du jeden Menschen immer wieder treffen … … auch diejenigen, die bereits gestorben sind … … Nun aber geht die Person, die du getroffen hast, über die goldene Brücke zurück in den weißen Nebel, der sich langsam auflöst … … Du gehst weiter am Flussufer entlang … …

Schritt in die Gegenwart. Plötzlich erscheint vor dir ein goldener Vorhang, der sich langsam öffnet … … Der Vorhang der inneren Freiheit, der aus purem Gold besteht und sich nur dann zeigt, wenn die Zeit gekommen ist, endlich hindurch zu gehen und frei zu sein … … Goldenes Licht strahlt dir durch den geöffneten Vorhang entgegen … … Mit einem Schritt durch den goldenen Vorhang der inneren Freiheit kannst du aus allen Erinnerungen und Träumen heraus in die Gegenwart gehen und frei sein … … in der Zeit, die jetzt auf dich wartet … … Und mit einem großen Schritt gehst du durch den geöffneten goldenen Vorhang der inneren Freiheit und kommst im Augenblick der Gegenwart an … …

Kreative Neuausrichtung. Du stehst auf der Blumenwiese und schaust in den hellblauen Himmel … … Kleine weiße Wolken ziehen im Wind der Zeit und du fängst an zu träumen … … Du träumst einen schönen Tagtraum davon, wie du in deinem wachen Alltag wieder fröhlich und unbeschwert bist … … Du legst dich hin und schließt die Augen, um dir noch deutlicher vorzustellen, dass es nun wirklich an der Zeit ist, dir selbst wieder Fröhlichkeit zu erlauben … … Dir selbst wieder das Leben zu erlauben … … Dann träumst du von einem Meer aus Rosenblüten … … Unendlich viele rote Blütenblätter umgeben dich … … Sie fliegen im Wind und fallen auf die Erde … … Soweit dein Auge reicht, siehst du rote Blütenblätter, die das ganze Traumland bedecken … … rote Blütenblätter der Selbstliebe … … der Liebe von dir für dich … …

Selbstversöhnung. Und durch das Meer aus Blütenblättern laufen die glücklichen Kinder und spielen und toben darin … … Sie greifen mit den Händen in die Fülle der Blütenblätter und werfen sie immer wieder in die Luft … … und in ihrer Mitte ist das Kind, das so aussieht wie du … … dein inneres Kind, das du selbst bist … … auch dieses Kind freut sich, von so vielen roten Blütenblättern umgeben zu sein und deine Liebe zu spüren … … So schöpft es Hoffnung und Zuversicht, schon bald wieder fröhlich zu sein … … unbeschwert und ausgelassen zu sein wie die glücklichen Kinder … … Du beobachtest das Spiel der Kindergruppe und freust dich mit ihnen in deinem Traum … … Du öffnest die Augen und schaust in den hellblauen Himmel … …

Achtsamkeit und Selbsttreue. Dann gehst du über die Blumenwiese und findest ein Feld mit roten Rosen, die keine Dornen haben … … Du gehst durch das Feld und siehst überall das rote Leuchten der wunderschönen Rosen … … Früher haben dich häufig Dornen gestochen und angetrieben, doch heute gibt es keine Dornen mehr … … Die Rosen erinnern dich an die Liebe und an die Selbstliebe … … an die Liebe für den verstorbenen Menschen und an die Liebe von dir für dich … … und je mehr du über die Liebe nachdenkst, desto kräftiger leuchten die roten Rosen … … Die Selbstliebe ermöglicht dir das Überwinden der Trauer und erlaubt dir, glücklich weiter zu leben … … Du fängst an zu lächeln und dann wird dein Lächeln zu einem lauten und herzhaften Lachen, das durch das Land der Träume hallt … … Dann machst du dir noch einmal klar, dass das Land der Träume ganz tief in dir drin ist … … Dort war es schon immer … … Ich erzähle dir nur davon … …

[Nun erlaube dir noch eine Weile der Ruhe und Erholung. Spüre deinen Körper, der deine Emotionen spiegelt. Wenn dein Körper sich ruhig und entspannt anfühlt, dann hast du innere Ruhe gefunden. Mit Achtsamkeit und Respekt vor dir selbst kannst du die Empfindungen deines Körpers wahrnehmen und einfach nur da sein. Im Augenblick der Gegenwart verweilen und die Stille des Augenblicks genießen. Und in der Stille kannst du dich darauf einstellen, wieder wach und aktiv zu werden und deine Augen zu öffnen, denn du bist bereits wach.]

Trauerbewältigung
Fünfte Sitzung (Abschlussritual)

[Du hast einen wichtigen Menschen verloren und das hat dich sehr traurig gemacht. Du dachtest schon, du würdest nicht mehr weiter leben können ohne diesen Menschen. Doch es gehört zu deiner Lebensgeschichte, diesen Verlust erlebt zu haben und die Herausforderung des Weiterlebens anzunehmen. Das hast du getan, du hast das Land der Träume kennen gelernt. Ein Land, in dem alles sein kann, was du denken kannst. Und auch ein Land, in dem du denken und dir vorstellen kannst, woran du in deinem wachen Alltag nicht mehr glauben konntest. Du hast gelernt loszulassen, vor allem von dem Wunsch nach Wiedergutmachung loszulassen, von der Sehnsucht, es möge anders gekommen sein in deinem Leben. Diese Sehnsucht ist menschlich und wir haben sie oft. Immer wenn wir erkennen, dass etwas auf der Strecke geblieben ist, dass wir vielleicht etwas versäumt haben. Auch dann, wenn wir erleben, dass wir schlecht behandelt wurden, wünschen wir uns, es wäre anders gelaufen. Doch wir haben immer nur genau die Vergangenheit, die wir erlebt haben. Eine andere gibt es nicht. Du weißt das und du hast gelernt, dass nicht nur zu wissen, sondern ganz tief in dir drin, in deinem Gefühl, genau so anzunehmen.]

Ankommen im Land der Träume. Du stellst dich auf eine ganz besondere Reise ein … … eine Reise in der Fantasie, die viel wirklicher sein kann als eine Reise in deinem Alltag … … denn nur in deiner Fantasie, in deinen bildhaften Gedanken, findest du deine wahren Gefühle … … die Emotionen, die ganz tief in dir liegen … … die dir helfen, Neues in deinem Leben entstehen zu lassen … … Altes zu beenden und einen kreativen neuen Weg zu gehen … … Jede Lösung liegt tief in dir … … jede Möglichkeit und jedes Potenzial der Welt … … Du findest alles, was du brauchst, in einem Land, das in weiter Ferne liegen kann und gleichzeitig ganz nah sein kann … … In dieses Land gelangst du mit dem Wind deines Atems, der dich sanft und sorgsam trägt … … Ein Teil von dir kann deinen Körper verlassen, um diese Reise durch Raum und Zeit anzutreten … … Doch immer führt diese Reise zu dir … … diese Reise in das Land der Träume … …

Distanzierung vom Bewussten. Die Melodie des Traumlandes umgibt dich ... ... Du kennst sie gut, hörst sie als Musik im Hintergrund, doch die Melodie des Traumlandes ist mehr ... ... Es ist die Vielfalt der Farben ... ... es ist die Harmonie der Natur und es sind die Gefühle, die eine eigene Sinfonie komponieren ... ... Du stehst auf einem weichen Boden, der dich einlädt, ohne Schuhe durch das Land zu gehen ... ... Das Land der Träume, das immer das Land deiner Stimmungen und Gefühle ist ... ... und tief in dir drin spürst du viele Gefühle ... ... vielleicht auch heute das Gefühl des schmerzhaften Verlustes ... ... gleichzeitig aber auch Gefühle der Hoffnung und Zuversicht ... ... Gefühle der Fröhlichkeit und des Lebendigen tief in dir ... ... Du schaust in den Himmel, der wunderschön hellblau leuchtet ... ... Der hellblaue Himmel breitet sich über dem Traumland aus ... ... Er erinnert dich daran, dass du liebevoll loslassen kannst ... ... Schmerz und Trauer loslassen, um Erinnerung, aus der du lernen kannst, zu bewahren ... ... Kleine weiße Wolken ziehen vorüber und deine Gedanken gehen auf die Reise ... ...

Bewusstseinsreinigung. Du kommst zu einem weißen Regenbogen ... ... Er leuchtet in reinem Weiß ... ... Du gehst ganz nah heran und stellst dich direkt unter diesen besonderen, weißen Regenbogen ... ... unter dem Regenbogen wirst du ganz und gar von dem weißen Licht erfasst, das alles andere überstrahlt ... ... Das weiße Licht des Regenbogens erfasst deinen Körper, der selbst anfängt, weiß zu leuchten ... ... Deine Hände strahlen weißes Licht aus, als wäre die Kraft des Regenbogens tief in dir ... ... Deine Arme fangen an zu leuchten und auch dein Oberkörper und deine Beine ... ... Dein ganzer Körper ist durchdrungen von weißem Licht ... ... und tief in dir spürst du die tiefe Kraft des reinen Lichtes ... ... sauber und klar ... ... und mit einem starken Schritt gehst du unter dem weißen Regenbogen hindurch ... ...

Konfrontation und Klärung. Du stehst auf einer neuen Straße ... ... Sie führt geradeaus durch das Land der Träume ... ... Du gehst auf dieser neuen Straße, auf der noch niemand gegangen ist ... ... Sie glitzert silbern ... ... die silberne Straße der Zukunft ... ... auf diesem Weg gehst du deiner Zukunft entgegen ... ... einer Zukunft, die du gestalten kannst ... ... in der du Neues erleben kannst ... ... Du hast einen lieben Menschen verloren und du lebst weiter … … Du hast dir Zeit genommen um zu trauern … … um das Irdische Loszulassen … … Nun gehst du hier auf Erden ohne *ihn/sie* weiter … … doch tief in deinem Herzen seid ihr beieinander, wenn du es so willst … … und im Land der Träume könnt ihr euch wiedersehen … … wann immer du willst … … Dann hörst du das Plätschern des Wassers und folgst diesem Geräusch … … Du kommst zum Fluss des Lebens und am Ufer findest du ein Fotoalbum … … Du schlägst es auf und findest darin lauter Fotos eurer gemeinsamen Zeit … … Fotos, die deine Erinnerung tief in deinem Gefühl verankert hat … … Du hast sie schon oft angesehen, hast ihre Stimmung auf dich wirken lassen … … Es gibt da Fotos, die schöne Zeiten und Momente zeigen, andere sind in den schweren Zeiten hinterlegt worden … … Doch heute willst du die Fotos nicht einzeln anschauen … … Du willst heute weiter nach vorne gehen, dein Leben aktiv gestalten und dich jetzt auch wieder um dich selbst kümmern … … Du nimmst also das Buch und legst es geöffnet auf den Boden am Ufer des Flusses … … Dann gehst du weiter am Ufer entlang, doch du drehst dich noch einmal um und schaust nach dem geöffneten Album … … Und vor deinen Augen wächst aus der Mitte des aufgeschlagenen Buches heraus eine kleine goldene Pflanze … … eine goldene Pflanze, die aus den Erinnerungen und Erfahrungen deines Lebens und eurer gemeinsamen Zeit Neues erwachsen lässt … … Da wird es dir klar … … Du verstehst es sofort im Land der Träume … … Deine Lebensgeschichte ist die Grundlage für das Konstruktive … … für die Entwicklung deines weiteren Lebens … … Das Traumland hat dir davon erzählt, dass du deine Lebensgeschichte mit all ihren Facetten annehmen kannst, denn eine andere hast du nicht … … Indem du deine eigene Geschichte annimmst, kannst du tief in dir am meisten lernen und verstehen … … im Kampf gegen die eigene Geschichte wäre das nicht möglich … … Auch das Ereignis der Trennung durch Tod, der damit verbundene Schmerz des Abschieds und der Einsamkeit sind Teil deines Lebens … … Teil deiner Geschichte, die du nun annehmen kannst … … Mit diesem Annehmen kann die goldene Pflanze aus den Bildern deiner Erinnerungen wachsen … … Sie wächst vor deinen Augen weiter, wird immer größer und größer … … und wächst als wunderschöner Baum heran, der anfängt zu blühen und kurze Zeit später schon reife Früchte trägt … … ein goldener Baum im Land deiner Träume … … Du weißt, dass er weiter wächst und gedeiht … …

Schritt in die Gegenwart. Plötzlich erscheint vor dir ein goldener Vorhang, der sich langsam öffnet … … Der Vorhang der inneren Freiheit, der aus purem Gold besteht und sich nur dann zeigt, wenn die Zeit gekommen ist, endlich hindurch zu gehen und frei zu sein … … Goldenes Licht strahlt dir durch den geöffneten Vorhang entgegen … … Mit einem Schritt durch den goldenen Vorhang der inneren Freiheit kannst du aus allen Erinnerungen und Träumen heraus in die Gegenwart gehen und frei sein … … in der Zeit, die jetzt auf dich wartet … … Und mit einem großen Schritt gehst du durch den geöffneten goldenen Vorhang der inneren Freiheit und kommst im Augenblick der Gegenwart an … …

Kreative Neuausrichtung. Du stehst auf einer Blumenwiese und kannst von hier aus ganz weit in die Ferne blicken … … Du siehst eine blühende Landschaft vor dir … … und überall wachsen goldene Pflanzen im Land deiner Träume … … Sie werden vor deinen Augen größer und fangen an zu blühen … … Alle Pflanzen, die du sehen kannst, bestehen aus purem Gold … … Die Farbe Gold erinnert dich an die tiefe Lebenskraft in dir … … die Kraft der Schöpfung in dir … … So wie im Land der Träume neue goldene Pflanzen wachsen, so kann in deinem wachen Alltag Neues entstehen … … neue Pläne … … neue Wege … … neue und konstruktive Entwicklungen … … und auch neue Freude … … neue Fröhlichkeit … … heute schon im Land der Träume und vielleicht heute auch schon in deinem wachen Alltag … … oder morgen … … oder vielleicht an jedem Tag deines Lebens ein weiteres Stück … …

Selbstversöhnung. Dein inneres Kind kommt zu dir, um dich ein letztes Mal im Land der Träume zu begrüßen … … Alles ist getan, was getan werden musste … … Du hast alles erledigt und die Trauer überwunden … … Jetzt kann auch das innere Kind … … das Kind, das so aussieht wie du … … das Kind in dir … … wieder fröhlich werden und wieder unbeschwert mit den glücklichen Kindern das Traumland erobern … … Für heute verabschiedet sich dein inneres Kind von dir und bedankt sich für deine freundliche Hilfe … … Dann läuft es mit den glücklichen Kindern zum Horizont und dort werdet ihr euch wiedersehen, denn am Horizont wartet das Kind auf dich ... ... Am Horizont beginnt deine Zukunft und Zukunft beginnt mit dem nächsten Wimpernschlag ... ...

Achtsamkeit und Selbsttreue. Dann gehst du über die Blumenwiese und findest ein Feld mit roten Rosen, die keine Dornen haben ... ... Du gehst durch das Feld und siehst überall das rote Leuchten der wunderschönen Rosen ... ... Früher haben dich häufig Dornen gestochen und angetrieben, doch heute gibt es keine Dornen mehr ... ... Die Rosen erinnern dich an die Liebe und an die Selbstliebe ... ... an die Liebe für den verstorbenen Menschen und an die Liebe von dir für dich ... ... und je mehr du über die Liebe nachdenkst, desto kräftiger leuchten die roten Rosen ... ... Die Selbstliebe ermöglicht dir das Überwinden der Trauer und erlaubt dir, glücklich weiter zu leben ... ... Du fängst an zu lächeln und dann wird dein Lächeln zu einem lauten und herzhaften Lachen, das durch das Land der Träume hallt ... ... Dann machst du dir noch einmal klar, dass das Land der Träume ganz tief in dir drin ist ... ... Dort war es schon immer ... ... Ich erzähle dir nur davon ... ...

[Nun erlaube dir noch eine Weile der Ruhe und Erholung. Spüre deinen Körper, der deine Emotionen spiegelt. Wenn dein Körper sich ruhig und entspannt anfühlt, dann hast du innere Ruhe gefunden. Mit Achtsamkeit und Respekt vor dir selbst kannst du die Empfindungen deines Körpers wahrnehmen und einfach nur da sein. Im Augenblick der Gegenwart verweilen und die Stille des Augenblicks genießen. Und in der Stille kannst du dich darauf einstellen, wieder wach und aktiv zu werden und deine Augen zu öffnen, denn du bist bereits wach.]

Buchreihe: Im Land der Träume

Fantasiereisen für Erwachsene. Band 1 *ISBN: 978-3-7322-8620-1*
Selbstachtung und Selbstwertgefühl; Gewalt gegen die Mutter

Fantasiereisen für Erwachsene. Band 2 *ISBN: 978-3-7322-8627-0*
Psychosomatik; Panikanfälle

Fantasiereisen für Erwachsene. Band 3 *ISBN: 978-3-7322-8571-6*
Einschlafstörungen; Übergewicht und Essanfälle

Fantasiereisen für Erwachsene. Band 4 *ISBN: 978-3-7322-8572-3*
Sexueller Missbrauch durch Priester; Gewalt in der Kindheit

Fantasiereisen für Erwachsene. Band 5 *ISBN: 978-3-7322-8574-7*
Suchttendenzen (Alkohol); Angst beim Autofahren

Fantasiereisen für Erwachsene. Band 6 *ISBN: 978-3-7322-8581-5*
Burnout; Trauerbewältigung

Fantasiereisen für Erwachsene. Band 7 *ISBN: 978-3-7322-8605-8*
Prüfungsangst; Kontrollzwänge

Fantasiereisen für Erwachsene. Band 8 *ISBN: 978-3-7322-8608-9*
Ticstörungen; Schwangerschaftsabbruch

Fantasiereisen für Erwachsene. Band 9 *ISBN: 978-3-7322-8610-2*
Fehlgeburt; Flugangst

Fantasiereisen für Erwachsene. Band 10 *ISBN: 978-3-7322-8611-9*
Existenzangst; Hypochondrie

Weitere Fantasiereisen und Trancegeschichten

Wellen am Horizont. Trancegeschichten *ISBN: 978-3-8391-1394-3*
Trancegeschichten zu verschiedenen Themen

Heilsame Fantasien. Trancegeschichten *ISBN: 978-3-8391-0899-4*
Trancegeschichten zu verschiedenen Themen

Fang wieder an zu leben. Trancegeschichten *ISBN: 978-3-7322-4695-3*
Trancegeschichten zu Abbruch- und Umbruchsituationen

Spiegelbilder im See. Trancegeschichten *ISBN: 978-3-7322-9736-8*
Trancegeschichten zum Thema Beziehungen

Feuer am Wasserfall. Trancegeschichten *ISBN: 978-3-7322-9782-5*
Trancegeschichten zum Thema Gefühle und Stimmungslagen

Frieden mit dem inneren Kind. Trancegeschichten *ISBN: 978-3-7357-8853-5*
Trancegeschichten zur Vergangenheitsbewältigung mit dem inneren Kind

Im Land der Sternenkinder. Trancegeschichten *ISBN: 978-3-7322-8624-9*
Trancegeschichten für Eltern von Sternenkindern

Diesseits der Sternenbrücke. Trancegeschichten *ISBN: 978-3-7322-8623-2*
Trancegeschichten für Pflegekräfte

Die neue Audioreihe (CD, mp3) von und mit Ingo Michael Simon
Audio-CD (mp3) zur Vorbereitung auf die Zulassungsprüfung
der Heilpraktiker für Psychotherapie

In der Sendereihe *„Die therapeutische Stunde"* veranstaltet Autor und Heilpraktiker für Psychotherapie Ingo Michael Simon regelmäßig Webcasts (Broadcasts im Internet) mit Lerngruppen. Zu ausgewählten Themen der Psychotherapie und Psychiatrie unterrichtet der erfahrene Therapeut frei gesprochen wie in seinen Seminaren und beantwortet während der Sendung eingehende Fragen der Zuhörer. Von allen Sendungen werden Liveaufzeichnungen gemacht und auf *CD im Buchhandel* veröffentlicht.

Infos zu bereits veröffentlichten Sendungen und geplanten Themen erhalten Sie auf der Website www.praxissimon.de. Alle bereits veröffentlichten CDs können im Buchhandel und auf der Website des Autors bestellt werden.

Buchreihe: Zehn Hypnosen

Zehn Hypnosen. Band 1: Raucherentwöhnung *ISBN: 978-3-8391-1838-2*

Zehn Hypnosen. Band 2: Angst und Unruhezustände *ISBN: 978-3-7322-4734-9*

Zehn Hypnosen. Band 3: Burn Out *ISBN: 978-3-7322-4717-2*

Zehn Hypnosen. Band 4: Übergewicht reduzieren *ISBN: 978-3-7322-4569-7*

Zehn Hypnosen. Band 5: Vergangenheitsbewältigung *ISBN: 978-3-7322-4719-6*

Zehn Hypnosen. Band 6: Suizidgedanken und Suizidversuche *ISBN: 978-3-7322-4722-*

Zehn Hypnosen. Band 7: Psychoonkologie *ISBN: 978-3-7322-4725-7*

Zehn Hypnosen. Band 8: Zwänge und Tics *ISBN: 978-3-7322-4726-4*

Zehn Hypnosen. Band 9: Selbstvertrauen und Entscheidungen *ISBN: 978-3-7322-4727*

Zehn Hypnosen. Band 10: Trauerarbeit *ISBN: 978-3-7322-4729-5*

Zehn Hypnosen. Band 11: Psychosomatik *ISBN: 978-3-7322-8515-0*

Zehn Hypnosen. Band 12: Chronische Schmerzen *ISBN: 978-3-7322-8527-3*

Zehn Hypnosen. Band 13: Depressive Gedanken *ISBN: 978-3-7322-8528-0*

Zehn Hypnosen. Band 14: Panikanfälle *ISBN: ISBN: 978-3-7322-8533-4*

Zehn Hypnosen. Band 15: Gewalterfahrungen *ISBN: 978-3-7322-8535-9*

Zehn Hypnosen. Band 16: Posttraumatischer Stress *ISBN: 978-3-7322-8538-9*

Zehn Hypnosen. Band 17: Prüfungsangst und Lampenfieber *ISBN: 978-3-7322-8546-4*

Zehn Hypnosen. Band 18: Anti-Gewalt-Training *ISBN: 978-3-7322-8549-5*

Zehn Hypnosen. Band 19: Suchttendenzen *ISBN: 978-3-7322-8550-1*

Zehn Hypnosen. Band 20: Soziale Phobie und Kontaktangst *ISBN: 978-3-7322-8557-0*

Weitere Hypnosebücher

Der Gruppenhypnose Baukasten. Textbausteine *ISBN: 978-3-7322-8634-8*

Selbsthypnose. Das Praxisbuch *ISBN: 978-3-7322-4667-0*

Hypnose kreativ gestalten. Anleitungen für die Praxis *ISBN: 978-3-8448-0308-2*

Hypnosepraxis. Ein Leitfaden der Trancearbeit *ISBN: 978-3-8370-7629-5*

Reframing in Trance. Perspektiven mit Hypnose ändern *ISBN: 978-3-8370-7639-4*

Rückführungen. Leitfaden der Reinkarnationstherapie *ISBN: 978-3-8370-7642-4*

Der Hypnosebaukasten. Textbausteine und Anleitungen *ISBN: 978-3-8391-8109-6*

Grundkurs Hypnose *ISBN: 978-3-8391-0170-4*

Suggestionen richtig formulieren *ISBN 978-3-8370-9519-7*

Suggestionstexte und Hypnosevorlagen

Hypnosetexte 1. 50 ausformulierte Suggestionstexte für den Hypnosehauptteil *ISBN: 978-3-7322-4658-8*

Hypnosetexte 2. 50 ausformulierte Suggestionstexte für den Hypnosehauptteil *ISBN: 978-3-7322-4659-5*

Hypnosetexte 3. 50 ausformulierte Suggestionstexte für den Hypnosehauptteil *ISBN: 978-3-7322-4660-1*

Hypnosetexte 4. 50 ausformulierte Suggestionstexte für den Hypnosehauptteil *ISBN: 978-3-7322-4665-6*

Hypnosetexte 5. 50 ausformulierte Suggestionstexte für den Hypnosehauptteil *ISBN: 978-3-7322-8631-7*

Hypnosetexte 6. 50 ausformulierte Suggestionstexte für den Hypnosehauptteil *ISBN: 978-3-7322-8625-6*

Heilpraktikerbücher

Heilpraktiker für Psychotherapie. Prüfungswissen
ISBN: 978-3-8334-9867-1

Heilpraktiker für Psychotherapie. Die mündliche Prüfung
ISBN: 978-3-8334-9868-8

Heilpraktiker für Psychotherapie. Die schriftliche Prüfung
ISBN: 978-3-8370-0347-5

Heilpraktiker für Psychotherapie. 20 Fallbeispiele
ISBN: 978-3-8370-1090-0

Endlich Heilpraktiker. Die häufigsten Irrtümer in der Psychotherapieprüfung *ISBN: 978-3-8370-0329-1*

Übungsaufgaben Psychotherapie. Zur Vorbereitung auf den kleinen Heilpraktiker *ISBN: 978-3-8370-0683-4*

Crashtest Psychotherapie. Zur Vorbereitung auf den kleinen Heilpraktiker *ISBN: 978-3-8370-0709-1*

Spezialtest Psychotherapie. Für kleine und große Heilpraktiker *ISBN: 978-3-8370-5838-3*

Heilpraktikerprüfung Psychotherapie. 200 kommentierte Aufgaben *ISBN: 978-3-8370-6017-1*

Diagnosetraining Psychotherapie. Ein Arbeits- und Nachschlagebuch *ISBN: 978-3-8370-4281-8*

Psychotherapie. Der Fragenkatalog. Fachwissen Heilkunde
ISBN: 978-3-8370-5396-8